Tobea-Martina Witt

Mut zur Unmöglichkeit

Tobea-Martina Witt

Mut zur Unmöglichkeit

Eine Schamanin im 21. Jahrhundert

Impressum:

Tobea-Martina Witt
Mut zur Unmöglichkeit
Eine Schamanin im 21. Jahrhundert

1. Auflage 2016

in der Mediengruppe Westarp
Kirchstr. 5 - 39326 Hohenwarsleben
www.westarp.de, www.westarp-bs.de, www.book-on-demand.de
produkthaftung@westarp.de

ISBN: 978-3-86460-525-3

Printed in Germany.

„Das Mögliche zu erreichen, ist eine Kunst.

Das Unmögliche zu versuchen, ist unsere Pflicht."

Inhalt

Mein Weg

In meinem bürgerlichen Leben bin ich Diplomingenieur für Bekleidungstechnologie. Ich habe das Handwerk einer Herrenmaßschneiderin gelernt und wollte studieren. In meiner Fachrichtung blieb nur das Modedesign oder die Technologie. Ich wählte die zweite Möglichkeit, ohne zu wissen, was mich später erwarten würde. In der Praxis sah das dann folgendermaßen aus: Die Musterabteilung hatte ein wundervolles Kleidungsstück mit viel Liebe und Handarbeit auf ein Model gearbeitet. Toll! Als Technologe muss man dieses Schmuckstück produktionsreif und gewinnbringend zur Massenware umarbeiten. Ich habe es gehasst, weil Vorgabe und Realität oft weit auseinander lagen. NIE hätte ich gedacht, dass die Technologie auf diesem Gebiet irgendwann einmal die Grundlage meiner jetzigen Arbeit bilden würde.

„Wir kommen als Original auf die Welt und sterben als Kopie."

In dieser klaren Aussage ist alles enthalten. Wir sind so wunderbare, göttliche Geschöpfe und jedes hat seinen ganz eigenen Platz - wie in einem großen Uhrwerk. Die Menschen, die zu mir kommen, sind bereit, sich ihre Originalität wieder zurückzuholen. Meistens ist es eine Krankheit, ein Schmerz, ein Verlust, eine Leere, eine Not, eine Barriere, was ihnen den Lebensweg versperrt. Dabei sind dies nur die Stoppschilder zum Innehalten.

Mein technologischer Auftrag besteht nun darin, dem Klienten Mittel und Möglichkeiten zu geben, damit er aus der Massenkopie heraus wieder zu einem einzigartigen Original werden kann.

Im vorliegenden Buch werde ich ausführlich darüber berichten, welche Möglichkeiten mir zur Verfügung stehen, um dies zu erreichen.

Bevor ich aber als schamanischer Technologe arbeiten konnte, gab es einen sehr steinigen Weg, der vor fünfundzwanzig Jahren mit einem Urknall begann.

Die Operation

Ich lag in einem kleinen dunklen Raum, mein Körper war mit grünen Tüchern abgedeckt. Ein Arzt saß mit dem Rücken zu mir und sah auf verschiedene Bildschirme. Ein anderer Arzt führte eine Elektrode durch meine Oberschenkelschlagader in mein Herz und sendete beständig stärker werdende Impulse. Mein Herz schlug immer schneller, das Blut raste durch meinen Körper - schneller und schneller und schneller. Ich fühlte mich, als würde ich auf einem elektrischen Stuhl hingerichtet. Die Worte des Arztes „Schwester, spritzen sie noch mehr Adrenalin, ich hab nicht so viel Zeit" und die Werbung einer Lottogesellschaft im Radio waren das Letzte, was ich um mich herum vernahm. Ich schwebte durch einen Tunnel und alles wurde ganz leicht, leise und hell. Mehrere Menschen, wie mit Weichzeichnern bearbeitet, empfingen mich mit einer nie zuvor empfundenen Liebe. Ich weiß nicht mehr, was sie im Einzelnen sagten, aber ein Satz sollte mir für immer im Gedächtnis bleiben:

**„Du kannst zurückgehen,
aber erzähle den Menschen vom Tod
und nimm ihnen die Angst."**

Es gab einen Ruck durch die Dunkelheit und ich fand mich über meinem Körper schwebend an der Decke wieder. Ich sah, wie alle aufgeregt um den Operationstisch liefen und immer wieder mit dem Defibrillator meinen Körper bearbeiteten. Ich weiß noch, dass ich immer wieder „Nein!" geschrien habe. Aber es hörte niemand. Es war meine Seele, die in mir schrie und nicht mehr in diese Welt zurückwollte. Als ich wieder aufwachte, tätschelte mir die Krankenschwester den Kopf und begrüßte mich zurück im Leben. Von den Elektroden verbrannt, lag ich nun völlig schockiert und frierend auf dem Flur. Der Arzt kam kurz zu mir und erklärte, dass sie nun nichts mehr für mich tun können. Ich solle mich an eine Psychologin wenden, die mir helfen würde, das Erlebte zu verarbeiten.

Bei einer solchen saß ich später und erzählte von meiner Sehnsucht nach diesem magischen Ort. Die Psychologin sah mich mit großen Augen an, eine gemeinsame Sprache fanden wir jedoch nicht. So verließ ich die Praxis noch verwirrter und verängstigter, als ich es vorher war. In der Folge gab es weitere Versuche mit anderen Psychologen und Techniken. Die Todessehnsucht blieb jedoch die nächsten achtzehn Jahre mein ständiger Begleiter und wurde letztlich der Grundstein für mein heutiges Wissen.

Die Schamanen

„Der Zufall ist Gottes Art, anonym zu bleiben." So begegnete mir relativ zeitnah nach der Operation eine Schamanin. Durch eine Trancereise, die sie mit mir unternahm, kamen längst verschüttete Kräfte wieder in mein Bewusstsein. Auch sagte sie mir, dass ich irgendwann einmal so arbeiten würde wie sie. Das beeindruckte mich und ich beschloss, dem Leben doch noch eine Chance zu geben.

Ich musste mich zwar jeden Tag irgendwie durchbeißen und es kamen alte Erinnerungen hoch. Schließlich war man vor fünfundzwanzig Jahren schamanisch noch nicht so präsent wie heute und so übte ich mich in verschiedenen Meditationstechniken. Einiges kam mir dabei bekannt vor, reiste ich doch bereits als kleines Kind nachts in die Anderswelt. Als ich vier Jahre alt war, erklärte ich meinen Eltern, dass ich Fernsehen an der Wand hätte. Zum Glück können Kinder heute ganz frei darüber erzählen. Ich war ohnehin ein Außenseiter und wurde viel gemobbt. Nur wenige Kinder wollten mit mir spielen. Sie hatten Angst vor mir, weil ich *immer so guckte*. Beim Klassentreffen, viele Jahre später, erfuhr ich, dass sie sich von mir regelrecht *durchleuchtet* gefühlt hätten. Klar, konnte ich das, aber ich ging davon aus, dass dies alle können. Ich wusste zu dem Zeitpunkt ja noch nicht, dass ich eine besondere Gabe hatte – das

Talent der Wahrnehmung von deutlich höheren Frequenzen mit allen Sinnen.

Inzwischen hatte ich auch diverse andere Techniken wie Reiki, Familienstellen, Engelsseminare und andere Energiearbeiten erlernt. Das Schamanische blieb hingegen für mich in all den Jahren stets passend. So wollte ich schon immer wissen, warum etwas passiert und ob es eine Möglichkeit gibt, es zu verändern. In dieser Welt fand ich darauf keine Antworten. Mit dem Nahtoderlebnis war ich jedoch durch ein Tor gegangen und mithilfe der schamanischen Trancereisen kam ich immer weiter zur Quelle des Wissens.

„Alles, was in unserem Leben passiert,
hat einen tiefen Ursprung
oder einen höheren Sinn."

Meine geistige Familie habe ich bei den Mitgliedern der „Foundation for Shamanic Studies" gefunden. Ihr Vorsitzender, der Philosoph Michael Harner, hat die Schamanen auf der ganzen Welt studiert und daraus den Coreschamanismus entwickelt. So ist es heute vielen Menschen möglich, das circa dreißigtausend Jahre alte Wissen in der modernen Welt zur Heilung einzusetzen. Ich durfte bei einigen Schamanen aus anderen Ländern von ihren Göttern und Geistern die Techniken lernen. Es begeisterte mich sehr, dass sich ihre Bilder mit meinen deckten. Ich war also doch nicht verrückt. Das stärkte mein Selbstvertrauen, den eingeschlagenen Weg weiterzugehen. Auf der anderen Seite gab es aber auch Ernüchterungen: Ihre Geister waren nicht meine. Es fühlte sich alles so vertraut und gleichzeitig fremd an.

Von meinem Schamanen-Meister Wolfgang hatte ich das Elementarste für einen bodenständigen Schamanismus in dieser Gesellschaft und Zeit gelehrt bekommen. Jetzt musste ich meinen ganz persönlichen Weg finden. Ich gab also alles auf, ging zurück in meine Heimatstadt Stralsund und wurde hauptberuflich Schamanin. Mit diesem Entschluss gab ich auch mein gesellschaftliches Leben nahezu auf und widmete mich von nun an ausschließlich dem Studium der seelischen Philosophie.

Der Naturschamane geht für seine Visionssuche in die Einsamkeit und findet dort seine spirituelle Meisterschaft. Ich bin eine moderne Sofaschamanin und wohne in einem Haus - wie in einem Rapunzelturm - in einer kleinen abgeschiedenen Gasse. In der Anfangszeit wollte ich dem spirituellen Leben häufiger entfliehen und mich lieber ablenken, aber Krankheiten und Operationen zwangen mich immer wieder zum Hausarrest.

Jetzt kam der gnadenlose Teil der Ausbildung.

„Der Weg des Schamanen ist der Weg der Selbstheilung."

Wer will schon in seine dunkelsten Ecken sehen? Ich habe reichlich Erfahrungen mit der Psychotherapie gesammelt und bin so manches Mal an die Grenze des Aushaltbaren gekommen. Aber der schamanische Weg ist im Vergleich dazu ein Ritt durch die Hölle.

„Ist nun ein Individuum zum Schamanen bestimmt, entweder durch Vererbung oder durch den Ruf der Götter, so greifen die Geister mit eisernen Haken in die Gelenke des Körpers, zerreißen ihn, reinigen die Knochen, kratzen das Fleisch ab, entfernen die Körpersäfte, nehmen die Augen aus den Höhlen und legen sie daneben. Dann setzen sie alles wieder zusammen und verbinden es mit Eisendraht." („Wege einer Schamanin" von Greta Hessel)

Besser kann ich nicht beschreiben, was mit einem passiert. Die gesamte Existenz auf geistiger und materieller Ebene wird auseinandergenommen und auf Null gesetzt und man findet sich nicht mehr wieder. Das dauert ein paar Jahre. In den letzten fünfundzwanzig Jahren habe ich mich mehrmals völlig aufgelöst und wurde neu zusammengesetzt. Oftmals war ich dabei dem Tode näher als dem Leben. Ich bin durch jeden Schmerz, jede Angst, jede Disharmonie meines Lebens noch einmal gegangen, um die Zusammenhänge zu studieren und sie dann aufzulösen. Die Hoffnung, dass irgendwann alles erledigt ist und ich dann frei bin, hat mich immer wieder angetrieben, dieses Leben durchzustehen.

Der Spruch, dass die dunkelste Stunde immer die vor dem Sonnenaufgang ist, hat mich dabei oft getröstet. Nach jeder Dunkelheit kamen auch die Erleuchtungen, welche mit einem unendlichen Glücksgefühl verbunden waren.

Jeder Schamane hat bei seinen Reisen in die Anderswelt einen spirituellen Reiseleiter. Er bringt den Fragenden zu den richtigen Plätzen, um dort die Antworten für die Heilung zu finden. Dann gibt es die Meister, sie lehren den Schamanen, wie er seine Kräfte bündeln und richtig nutzen kann.[1]

Mein eigentlicher Lehrer und Meister in der spirituellen Welt aber war und ist …

Der Tod

Vor diesem Kapitel möchte ich mich natürlich am liebsten drücken. Es ist in unserer Gesellschaft ein Tabuthema und ich zeige mich hier von meiner verletzlichsten Seite. Doch ich nehme allen Mut zusam-

---

[1] Als Literatur zum Thema Schamanismus empfehle ich mein Lieblingsbuch „Heilbuch der Schamanen" von Felix R. Paturi

men, denn nur dieses Kapitel kann meine Arbeit und die Kraft, die dahinter steht, verständlich machen.

Das *Nicht-mehr-leben-wollen* war oft die Grundstimmung meines Lebens. Es gab Selbstmordversuche mit Grenzerfahrungen. Es gab Situationen, in denen ich das Gefühl hatte, nicht eine Minute länger auf dieser Welt sein zu können. Unendlich viele irdische Probleme nahmen mir oft alle Lebenskraft. In dieser Verzweiflung habe ich einige Male gedanklich mein Ende vorbereitet.

Ein Schamane sagte einmal zu mir:

„Du bist eine Schamanin und du musst alles selbst erleben, damit du weißt, wie die Menschen sich fühlen, die zu dir kommen."

Selbst einfache Krankheiten entwickelten sich bei mir so dramatisch, dass sie immer mit einer Nahtoderfahrung verbunden waren. Heute weiß ich, dass es indirekte Selbstmorde waren. Eine Wochenbettdepression verschonte mich ebenfalls nicht. Todes- und Lebensängste, Todes- und Lebenssehnsüchte nahmen einen großen Raum in meinem Leben ein - einen viel zu großen. Dann aber fing ich an, diese Sehnsüchte in eine Wissenschaft zu verwandeln. Ich wollte genau wissen, wo die Quelle für diese lebensfeindliche Kraft ist. Und - wenn es einen Ursprung gab, musste es auch eine Umkehr geben.

„Umwandlung, nicht Verneinung,
ist die Waffe des Meisters."
(Hermes Trismegistos Thot aus:
„Die Gegenwart der Meister" von Jeanne Ruland)

Mein Meister war der Tod. Er half mir, meine depressiven Schübe in Treibstoff zu wandeln und mich damit zum Ursprung des Lebens zu bringen. Das Gerippe mit dem schwarzen Umhang war mir schon als Kind ein enger Vertrauter. Der Tod wurde mein persönlicher Professor, und da es ihm nicht möglich ist, Fachliteratur zu publizieren, konnte ich nur durch Selbsterfahrung lernen. Albert Einstein hat einmal gesagt:

„Lernen ist Erfahrung,
alles andere ist Information."

Ich habe gelernt und erfahren, gelernt und erfahren, gelernt und erfahren. Keine Schule oder Universität dieser Welt kann so ein Wissen vermitteln. Der Tod ist der Engel der Transformation, er ist auch im Leben immer an den Übergängen zu finden. In meinem Leben gab es immer große dramatische Lebensumbrüche und oftmals war das Leben von einer Minute auf die andere ein völlig Neues. Auch das zählt zu den kleinen Toden im Leben, die mit allen Phasen durchlebt werden müssen.

Der Tod zeigte mir, wie die Seele als ganz eigenständiges Wesen funktioniert, wo sie herkommt, wo sie hingeht und was dabei mit ihr passiert. Ich lernte, wie die Seelen miteinander verknüpft sind und wie sich Seelenanteile abspalten. Der Tod hat nur sehr wenige Studenten und so ist meine Arbeitsweise sehr speziell. Er hat mich zum Grenzgänger zwischen den Welten gemacht und mich das Handwerk der Transformation gelehrt. Durch die Nahtoderfahrungen hat sich meine Seele so gelockert, dass es ihr möglich ist, meinen Körper zu verlassen und durch andere Körper *durchzulaufen*.

Mein Gott

Als ich fünf Jahre alt war, erklärte ich meinen Eltern, dass wir nur Marionetten seien und da oben einer säße, der die Bänder bewegen würde. Wir hätten eigentlich gar nichts zu bestimmen. Ich wuchs in der DDR auf und laut Regierung gab es keinen Gott in diesem Landstrich. Mein Glaube war der Sozialismus. Meine aktive Pionierzeit und Jugendarbeit in der Freien Deutschen Jugend gaben mir den Schutz und die Geborgenheit in der Gesellschaft. Ich hatte sogar schon einen Studienplatz für Marxistisch-Leninistische Philosophie, aber zum Glück bekam ich mein Baby, dies rettete mich vor einem Irrweg.

Durch meine schamanische Tätigkeit kam ich dem Glauben an etwas Höheres immer näher. Beten wurde zur Selbstverständlichkeit. Wobei ich immer, wie die Indianer, zum *großen Geheimnis* sprach. Meine Geister waren mir sehr vertraut und der Tod wurde allmählich mein bester Freund. Bei einer Reise in die Anderswelt wurde ich zu Gott geführt. Es gab ihn also wirklich und er wollte sogar Kontakt mit mir haben.

Ich werde nie vergessen, wie während meiner Schulzeit meine Staatsbürgerkundelehrerin gesagt hatte: „Der Kapitalismus kann gar nicht bestehen. Im Bundestag sind nur Geistesgestörte. Was soll das für eine Regierung sein, die auf die Bibel schwört und nur mit Gottes Hilfe regieren kann."

Ich wünschte, sie hätte diese Reise mit mir gemacht und Gott so gesehen, wie ich ihn sah. Gott nahm sich meiner an, ich sollte sein Werkzeug werden. Dazu musste ich aber meinen Geist (mein Denken) heilen. In unendlich vielen Trancereisen spulten wir meinen Lebensfilm zurück. So konnte ich mir jeden Tag meines Lebens noch einmal anschauen. Ich wollte wissen, warum die Dinge so in meinem Leben passiert waren.

Als Erstes heilte ich all die Wunden, die mir andere Menschen zugefügt hatten. Dann musste ich mir aber auch anschauen, was ich anderen Menschen angetan hatte. Vergebung zu lernen, war dabei die schwerste Lektion. Vor allem natürlich mir selbst gegenüber. Jedes Wort, jeder Gedanke ist manifestiert und so konnte ich mir ansehen, was meine Worte und Gedanken ausgelöst hatten. Wenn ich wieder klar werden wollte, musste ich diese Kräfte bereinigen. Jeder Klient, der zu mir kam, spiegelte mir ein winziges Puzzlestück aus meinem Leben, auf diese Weise konnte ich jeden Tag ein bisschen mehr zu mir finden.

Ich musste meine Eitelkeiten, meine Vorurteile, meine Ängste, meine Pläne und auch meine Wünsche ablegen und lernen, nur im Augenblick und im Vertrauen zu leben. Es fügte sich, dass ich zur schamanischen Priesterin geweiht wurde. Mit dem Schwur „Gott, Dein Wille geschehe, weil es auch mein Wille ist“ brach eine Lawine los, die ich so nicht erwartet hatte.

Ich dachte zunächst, ich bin jetzt fertig und es geht los. Los ging es zwar, aber nicht so, wie ich dachte, und das Denken war dabei das große Problem. Ich wollte ja seinen Willen leben und das hieß, meinen Willen aufzugeben. Kein Mensch bemerkt im täglichen Leben, wie viel er plant, gestaltet, manipuliert, kleine und größere Rollen spielt ... Ich war da keine Ausnahme. Nun durfte ich es nicht mehr und wenn ich es mal vergaß, bekam ich sofort seine Macht zu spüren. Jeder Gedanke materialisierte sich sofort. Von meinen Trancereisen kannte ich das und da musste es auch unbedingt so sein, aber nun passierte das im echten Leben. Ich musste so sehr aufpassen, was ich dachte. In erster Linie aber dachte ich, ich würde verrückt werden. Das kann sich kein Mensch vorstellen! Es gab keinen Zweifel mehr an seiner Existenz. Das konnte man sich nicht ausdenken. Lange verstand ich ihn nicht und dachte, dass er mich brechen will. Aber er hatte natürlich recht: Wenn ich diese Arbeit mache, darf ich kein Ego haben und damit nicht in den göttlichen Plan eingreifen. So wurde mein tägliches Gebet „Gott, lass mich Deinen Willen wollen“ zu meinem persönlichen Überlebensmantra.

Gott hat mich so oft geprüft und ich bin so manches Mal durchgefallen und musste alles wiederholen, bis ich ihn verstanden hatte. Ich empfand ihn viel zu streng und strafend und damit hat er sich bei mir nicht sehr beliebt gemacht. Aber ich konnte nicht mehr zurück. Mir blieb nur der Weg, ihn verstehen zu lernen. Noch heute bin ich dankbar, dass ich ihn ohne kirchlichen Einfluss selbst erfahren und kennenlernen durfte. Als Kind der DDR war ich von Gott nicht so schnell zu überzeugen gewesen. Er war der Vater und ich war in der spirituellen Pubertät. Er musste mir also schon ganz genau erklären, was er sich wobei dachte. Als ich die Geschichte der Bibel dann zum ersten Mal im Fernsehen sah, kam mir vieles sehr bekannt vor und ich freute mich riesig, dass meine eigenen Bilder denen im TV glichen und ich mich durch meine Arbeit selbst davon überzeugen konnte.

Obwohl ich viele positive Rückmeldungen und die Bestätigung meines Sehens bekam, war ich lange Zeit der größte Zweifler meiner eigenen Arbeit. Aber Gott hatte mich in seine Welt eingeweiht und mir damit unendliche Möglichkeiten gegeben. Mit jeder bestandenen Prüfung öffnete er mir eine neue Tür zu seinem Reich. Jetzt sind wir engste Vertraute und können uns aufeinander verlassen.

Das Ankommen

Mein Weg begann vor fünfundzwanzig Jahren. Meine ganz persönliche Eremitenzeit nahm davon die letzten zehn Jahre ein. Inzwischen bin ich ganz bei mir angekommen und lebe nur im Augenblick. Ich habe in dieser Zeit circa fünftausend faszinierende Reisen in die *nicht alltägliche Wirklichkeit* gemacht und kenne mich dort besser aus als in dieser Welt. Meine Fragen wurden von der geistigen Welt mit unfassbaren Antworten geklärt. Jede meiner Reisen endet noch heute mit dem Staunen über die Wunder und dem Satz: „So etwas kann man sich nicht ausdenken." Das Ankommen ist für mich, *authentisch zu sein*. Aus diesem Kern ist die Frucht meines Dienstes an anderen Menschen gewachsen.

Meine Reise

Zu mir kommen Menschen mit den unterschiedlichsten Befindlichkeiten, die das gesamte Spektrum des Lebens umfassen. Es sind Disharmonien, die in kein Schema passen und für die es auch keine zuständige weltliche Instanz gibt. Als Schamane bin ich ein Grenzgänger zwischen der materiellen Welt, wie wir sie alltäglich erleben, und der nichtalltäglichen Wirklichkeit, die jeder Mensch aus seinen Träumen kennt. Diesen traumähnlichen Zustand - Trance - erreiche ich durch das monotone Schlagen meiner Trommel oder das Zupfen der Saiten eines Monochordes/Klangliege.[2]

Ich gehe dabei für meinen Klienten auf eine schamanische Reise mit verschiedenen Haltepunkten. Dazu zählen beispielsweise das Seelenhaus, das Lebensfilmarchiv, das Lebensbuch und die Programmierung. Ich kann dabei auf verschiedenste Weise seine Befindlichkeiten klären. Das Reiseziel ist immer:

„Was braucht dieser Mensch für sein Leben?“

---

[2] Mein Meerklang Monochord, extra von Götz Rausch für mich gefertigt, ist mit sechzig Saiten bespannt, die alle auf den gleichen Ton A gestimmt sind, wobei die beiden äußeren Saiten etwas dicker sind und eine Oktave tiefer liegen. Dadurch erhält dieses Instrument neben dem sehr obertonreichen und sphärischen Klang einen schönen warmen Bass.

Die Antwort darauf finden wir nicht im Denken. Deshalb möchte ich auch im Vorfeld von meinem Klienten nichts wissen. Ich bekomme

„das, was ihm schon lange auf der Seele liegt",

denn

**„Meine Arbeit beginnt,
wo der Verstand an seine Grenze kommt."**

Die Seele

Die Seele zu sehen, mit ihr als eigenständiges Wesen zu kommunizieren und zu arbeiten, ist für mich schon immer das Normalste der Welt gewesen. Da der Begriff Seele jedoch auch allgemein und selbstverständlich in Gebrauch ist, vergesse ich oft, dass es nur wenigen Menschen wie mir ergeht. Dabei ist es so wichtig, sie zu verstehen, um besser mit ihr umzugehen. Technisch gesehen ist sie wie eine DNA, sie beinhaltet die Lebensenergie, die emotionale Datenbank und den Lebensplan. Ohne sie ist nichts auf der Welt lebensfähig, denn alles ist beseelt. So erstreckt sich meine Arbeit nicht nur auf Menschen, sondern auch auf Tiere, Häuser und Firmen. Alles unterliegt dem gleichen Schema.

Das Seelenhaus

In meinen Trancereisen verlässt meine Seele meinen Körper und ich kann dann durch den Körper meines Klienten *laufen*. Es entsteht für mich das Bild eines Hauses, genannt Seelenhaus. Ich bin nur der Mediator zwischen der Seele und dem Geist meines Klienten, weil die Seele selbst nicht die Kraft hat, mit ihrem geistig-körperlichen Vermieter zu verhandeln.

Das Grundstück

Als Erstes mache ich einen Rundgang um das Grundstück. Der Zaun oder die Hecke versinnbildlichen unsere äußere Aura und unseren Schutz. Wenn diese ein Loch haben, können Fremdenergien eindringen und unser inneres Sicherheitsgefühl erheblich stören. Gleichzeitig müssen die Eingänge und Türen überprüft werden, ob sie sich auch verschließen lassen. Besucher sollten nicht einfach eindringen können, sondern die Möglichkeit haben, sich durch eine Klingel bemerkbar zu machen.

Unsere Aura wird durch den Garten um das Haus sichtbar gemacht. Hier zeigt sich schon, wie sorgsam jemand mit sich umgeht und wie wichtig ihm die Meinungen anderer über sich sind. Im Eingangsbereich des Grundstückes sehe ich, wie willkommen andere

Menschen oder Seelen meinen Klienten sind. Wichtig ist dies zum Beispiel, wenn jemand mit einem unerfüllten Partnerwunsch zu mir kommt. Es ist wunderschön, wenn man jemanden hat, der sich als Gast im Seelenhaus des anderen wohlfühlt und dabei aber sein eigenständiges Haus behält. Am besten ist eine Doppelhaushälfte, in der man dicht beieinander ist und trotzdem seine Identität leben kann.

Eine wohlwollende werdende Mutter kam einmal zu mir und wollte wissen, was sich ihr Kind im Leben von ihr wünscht. Sie war sehr besorgt um ihr Kind und wollte es ganz besonders richtig machen. Ich machte mich auf die schamanische Reise zur Seele des Ungeborenen. Eine Seele ist immer ein fertiges Wesen, egal in welchem Zustand sich die körperliche Hülle und der Geist befinden. So konnte ich mich – für mein Verständnis ganz normal – mit der Seele unterhalten. Sie wünschte sich ein Baumhaus als zukünftiges Seelenhaus. Da musste ich leider verhandeln und ihr verständlich machen, dass sie ja erst einmal im Körper eines nicht selbstständigen Babys sein wird und somit nicht allein leben könnte. Sie zeigte sich einsichtig, wollte dann aber trotzdem ein eigenes Haus und wieder musste ich verhandeln. Das ging so lange, bis wir uns auf eine Doppelhaushälfte mit einem Durchbruch geeinigt hatten. Die Mutter ging, enttäuscht von meinem Reisebericht, nach Hause. Ein paar Wochen nach der Geburt des Babys meldete sie sich sehr glücklich bei mir. Sie hatte durch mich ihr Kind verstanden. Es wollte vom ersten Tag an nicht bei den Eltern schlafen und brauchte auch viel Zeit für sich allein. Die Mutter zeigte sich nun wirklich sehr froh darüber, dass ich ihr das bereits so gesagt hatte, sie hätte sonst die Welt nicht mehr verstanden und mit ihrer Mutterliebe wahrscheinlich das Kind erdrückt.

Leider können viele Menschen eine Partnerschaft (auch ein Kind ist eine gleichberechtigte Partnerschaft im Seelenplan) nicht mehr als *gleich-wert-ig* ansehen, sondern suchen jemanden, der sie vollständig und bequem macht. Wenn ich bei meinen Reisen im Eingangsbereich das Schild *Zu verkaufen* sehe, dann weiß ich, dass mein Klient sein eigenes Haus nicht halten kann. Im wahren Leben braucht mein Klient einen lebenserhaltenden Partner. Das kann ja auch ganz in Ordnung sein, aber derjenige muss dann auch den Käufer akzeptieren, der diesen Preis zahlen kann, und das ist möglicherweise nicht immer der liebste und beste Mensch, der einem im eigenen Seelenhaus noch ein Wohnrecht auf Lebenszeit einräumt. Wenn dieser Seelenhauskäufer uns im wahren Leben begegnet, sollten wir genau aufpassen. Ich habe oft gesehen, wie Menschen sich in ihrer größten Not in eine seelische Abhängigkeit begeben haben. In der Trancereise musste ich dann beim göttlichen Gericht den Kaufvertrag wieder rückgängig machen und meinem Klienten somit energetisch die Freiheit zurückgeben. Das passiert dann auch auf der geistigen und materiellen Ebene etwas zeitversetzt. Es ist besser, sich selbst so zu stärken, dass wir unser Haus kraftvoll allein beleben. Wie sich so ein Seelenhauskauf im wahren Leben auswirkt, zeigt dieses Beispiel:

Eine ältere Dame mit verschiedensten Gebrechen kam völlig verzweifelt zu mir. Sie berichtete, dass ihr Mann sie schlecht behandelt und keine Rücksicht auf ihre Leiden nimmt. Er würde nur an sich denken und sie nur benutzen. Dabei waren sie noch nicht lange verheiratet. Ich fragte sie, warum sie diesen Mann denn geheiratet hätte, denn so sehr verstellt hatte er sich vorher gar nicht. Sie erzählte mir von ihrer kleinen Rente und dass sie nun froh sei, einen finanzkräftigen Partner gefunden zu haben. Sie hatte mit ein paar wohligen letzten Jahren gerechnet. Ich sah mir ihr Seelenhaus an, es war verkauft an diesen Seelenhauskäufer. Er konnte mit ihr machen, was er wollte. Ihre Krankheiten waren eine Flucht vor seiner Macht. Ihr Mann war auch ihr Besitzer, ihr Chef, im wahren Leben geworden, durch den sie ihre Rente aufbesserte. Es sicherte ihr so zwar die materielle Ebene, ihre Seele gab ihr jedoch kaum die Möglichkeit, gesund zu werden. Ich konnte ihr nicht helfen. Ihr blieben nur ein Umdenken und eine andere Sichtweise auf ihr Leben.

Das Baumhaus

Auf dem Grundstück befindet sich auch ein Baumhaus aus Kindertagen und in ihm eine kleine Schatzkiste mit den Wünschen aus der Kinderzeit. Diese Kiste erscheint mir oft in der Sterbebegleitung als Hinweis für einen nicht gelebten Seelenplan. Denn circa bis zum sechsten Lebensjahr sind wir noch nicht erdgebunden und können uns an unser Leben im Seelenhimmel erinnern. Wir kennen unseren Seelenplan (siehe Kapitel Lebensbuch) und unsere Wünsche, die wir uns erfüllen wollen, wenn wir mal groß sind. Ich bitte alle Eltern, ein kleines Tagebuch für ihre Kinder zu schreiben und diese Wünsche ihrer Kleinsten festzuhalten. Ich selbst habe diesen Blick in meine imaginäre Schatzkiste schon ganz oft getan und bin immer wieder erstaunt, wie sehr die Inhalte meinem echten Leben gleichen. In der Sterbebegleitung muss ich diese Kiste der geistigen Welt zur Aufbewahrung für ein anderes Leben geben, damit sich der Sterbende nicht an unerfüllbare Wünsche klammert, sondern die Möglichkeit hat, friedlich einzuschlafen.

Das Haus

Die Form des Hauses zeigt mir den energetisch-körperlichen Zustand meines Klienten an. Wenn es klein und dunkel ist, läuft auch sein Besitzer geduckt und ohne Selbstbewusstsein durch sein wahres Leben. Ich erarbeite den Grund für diesen Zustand und häufig ändert sich noch während der Reise das Haus, zumindest sehe ich dann aber schon die göttlichen Baupläne. Manchmal muss man eben etwas länger auf ein anderes Haus warten - leider sind wir Konsumenten und wollen immer alles gleich und sofort.

So erging es einer Managerin, die zu mir kam. Sie konnte nicht verstehen, warum ihr Geschäft nicht mehr richtig lief. Sie hatte eine schwere Zeit durchgemacht und nun aber alles erreicht. Es gab nichts, was einem glücklichen Leben noch im Weg stand. Ich sah mir ihr Seelenhaus an und war wieder einmal überwältigt von den göttlichen Einfällen. Die Frau befand sich gerade in einer Dekompressionskammer, wie sie von Tauchern benutzt wird, die zu lange dem Wasserdruck ausgesetzt waren. Der Druck muss dann erst ausgeglichen werden, sonst kann dies schwere körperliche Schäden verursachen. Genauso war es bei dieser Frau. Nach einer langen Phase unter enormem Druck hat die Seele in ihrem Selbstschutzmechanismus die Außenwelt erst mal abgeschaltet. Das war im Moment nicht zu ändern, aber sie wird wieder kraftvoll sein, wenn sie die Kammer verlässt.

Manchmal ist das Seelenhaus ein Wohnmobil oder ein Schiff. Das bedeutet, dass sein menschlicher Besitzer sehr freiheitsliebend ist und in seinem wahren Leben am liebsten unterwegs wäre. Vielleicht ist er aber auch auf einer Lebensflucht und ich muss versuchen, seine Flucht aufzuhalten und ihn ins Leben zurückholen. Viele haben auch einen Garten oder eine kleine Hütte im Wald. Sie fühlen sich als ein ganz NATUeR-licher Teil des großen Ganzen. Ich frage die Seele, ob diese

Wohnsituation für sie stimmig ist. Sollte es nicht so sein, helfe ich ihr als spiritueller Architekt, das Haus nach ihren Wünschen umzugestalten.

Die äußere Struktur des Hauses zeigt mir die Festigkeit des Klienten und seine Unerschütterlichkeit in der Welt.

Bei einer Reise für eine Klientin sah ich ihr Haus wie nach einem kleinen Erdbeben. Es war sehr beschädigt und zwischen den Mauersteinen fehlte der Mörtel. Andere Menschen steckten große Strohhalme zwischen die Ritzen, saugten sie aus. Ihre Seele saß in ihrem Haus unter dem Tisch und kam aus Angst vor neuen Erschütterungen nicht hervor. Ich verfugte ihr Haus, gab ihm ein neues Fundament aus großen Felssteinen, half der Seele aus ihrem Versteck und gab ihr Sicherheit, indem ich ihr das reparierte Haus zeigte.

Die Klientin konnte sich nach der Reise gut in diesen Bildern wiederfinden. Sie hatte nach der Scheidung ihr geliebtes Haus verloren. In der neuen Wohnung überraschte sie ein großer Wassereinbruch und sie verlor erneut alles. So zog sie nochmals um und war seitdem nur kränklich, unsicher und regelrecht erschüttert. Ihre Wohlfühlqualität ging in Richtung Null. Da dies alles für den menschlichen Verstand jedoch schwer zu erklären war, fühlte sie sich diesem Zustand hilflos ausgeliefert.

Ich bedauere es unendlich, dass ich meine Reisebilder nicht in Videos festhalten kann, um sie danach meinen Klienten vorzuspielen. Allein für die Rauchentwöhnung wäre das perfekt. Selbst wenn jemand vor vielen Jahren ein starker Raucher war und längst damit aufgehört hat, sehe ich den ekligen bräunlichen Belag noch immer im ganzen Seelenhaus. Man kennt dies von echten, lange nicht renovierten Wohnungen von starken Rauchern.

Auch erstaunt mich immer wieder, dass selbst Gerüche im Seelenhaus gespeichert werden. Der Geruch von Pissoirs auf Bahnhöfen ist mir nach einer schamanischen Reise mit einem ehemaligen Bahnhofsstricher eine Weile nicht aus der Nase gegangen. Allerdings berichtete mir die Person von dieser Zeit erst nach meiner Reise.

Bei einer Reise durch den Körper eines anderen Mannes roch es fürchterlich verbrannt. Ich kannte diesen Geruch nicht und Gott erklärte mir, dass es verbranntes Menschenfleisch ist. Ich gebe ja zu, dass so ein Durchgehen durch den Körper eines Menschen schon sehr mystisch ist, aber dann noch verbranntes Menschenfleisch zu riechen und es mir von Gott erklären zu lassen, ist selbst für mich mit langer Berufserfahrung sehr spooky. Ich musste sein Inneres reinigen. Mein Klient bestätigte mir meine Geruchsbilder. Vor vielen Jahren musste er mit ansehen, wie eine Familie bei einem Autounfall in ihrem Wagen verbrannte. Er war der Erste an der Unfallstelle und konnte nicht mehr helfen. Seine Seele hatte dieses Trauma als Geruch gespeichert.

Das Dach

Meine seelische Hausbesichtigung führt mich weiter zum Dach. Hier sehe ich an der Fontanelle unsere geistige Versorgungsleitung. Ich nenne es den göttlichen Kanal. Es ist wirklich eine Illusion, dass unser Wissen in dieser grauen Masse, die wir als Gehirn bezeichnen, entsteht. Über die Intuition und Ahnungen (Wissen der Ahnen) bekommen wir unseren Aufgabenplan gesendet. Das Gehirn bereitet diese Informationen nur auf und macht sie für uns lebbar. Das Bauchgefühl, unsere innere Stimme, ist die Regisseurin in unserem Leben und damit unentbehrlich. Sie sagt uns, was wir wollen und brauchen, was uns guttut. Sie bringt uns zur richtigen Zeit an den richtigen Ort und lässt uns das Richtige tun. Mit diesen Anweisungen werden die Selbstheilungskräfte aktiviert.

Leider ist vielen Menschen dieser Kontakt zu ihrer inneren Stimme verloren gegangen. Sie verlassen sich darauf, dass andere Menschen wissen, was gut für sie ist. Sie gehorchen und passen sich an. Diesen Kanal wieder zu öffnen und den Kontakt zu sich selbst herzustellen, ist meine wichtigste Aufgabe in der schamanischen Arbeit. Damit ändert sich die Wahrnehmung. Ich wasche Augen und Ohren von innen – so können die Dinge, die zu einem gehören, besser wahrgenommen werden, und Unwichtiges erreicht einen nicht mehr. Der Fokus ändert sich und bündelt die lebenswichtigen Kräfte zur Heilung. Dies ist jedoch ein Umlernprozess und mit Hausaufgaben für den Klienten verbunden. Die Seele zeigt nach der Session bei mir, dass sie wieder der Bestimmer sein will. Der Satz „... habe ich zunächst zwar so gefühlt, dann aber doch vom Kopf her etwas anderes entschieden" wird immer seltener. Man lernt wieder, sich selbst zu vertrauen. Aber - es ist wichtig zu wissen, dass dies immer ein Prozess ist, der beginnt, wenn man zu mir kommt. Sich mit sich selbst vertraut zu machen, ist die große Lernaufgabe.

Dann sehe ich noch eine kleine Antenne. Sie ist für die Kommunikation mit unseren Mitmenschen eingerichtet. Man redet im wahrsten Sinne „aneinander vorbei", wenn die Antennen nicht zueinander ausgerichtet sind.

Ein junges Paar kam verzweifelt zu mir. Schon lange versuchten sie, ihre Ehe zu retten. Beide äußerten den Wunsch, zusammenbleiben zu wollen, aber sie konnten sich einfach nicht miteinander verständigen. Sie meinten sogar, dass jeder andere sie verstehen würde, nur nicht der eigene Partner. Während meiner Reise sah ich mir ihre Antennen an. Sie waren in völlig andere Richtungen ausgerichtet, die ankommenden Informationen in unterschiedlichen Frequenzen. Ich richtete also ihre Antennen neu aus und glich das Empfangssignal ihren Empfängern an. Noch am gleichen Abend rief mich die Frau an und erzählte mir von dem langen harmonischen Gespräch mit ihrem Mann. Die beiden haben sich wieder gefunden, ihr Leben völlig neu geordnet und sind glücklich miteinander.

An den Antennen kann ich auch sehen, ob jemand manipuliert wird. Dazu gehören auch Stalker. Als Erstmaßnahme muss die Antenne dann neu ausgerichtet werden, um die Sendung zu unterbrechen.

Der Dachboden

Auf unserem Dachboden sind die alten Erinnerungen und erworbenes Wissen gelagert. Meistens ist er, wie im wirklichen Haus, so vollgekramt, dass wir das Wichtigste nicht mehr wiederfinden.

Mit einer Konzentrationsstörung kam eine Frau zu mir. Sie erzählte mir, dass sie sich nicht mehr auf das Wesentliche beschränken und ihre Arbeiten verrichten könne. Nach meiner Reise fragte ich sie, ob sie viele Bücher zu Hause hätte. Ihre Augen blitzten auf und stolz erzählte sie mir, dass sie diese auch fast alle gelesen hätte. Es gibt das Phänomen „Wie im Außen, so im Inneren" – in ihrem Seelenhaus sah es aus wie bei einem Messi. Die Seele führte mich, so gut es eben noch ging, durch die Berge von Büchern und Zeitschriften (Wissen von anderen). Es gab keinen Weg mehr zu ihrem eigenen Wissensschatz und schon gar keinen Zugang zum göttlichen Kanal. Ich half der Seele bei der Durchsicht und gemeinsam suchten wir nach wirklich lebenswichtigem

Wissen, um es für die Klientin wieder lebbar zu machen. Als ich sie später wieder traf, berichtete sie mir von ihrer Aufräumwut in ihrer Wohnung und dass sie sich jetzt innerlich und äußerlich befreit fühle. Sie könne sich wieder konzentrieren und arbeiten gehen.

Das Arbeitszimmer

Das Aufspüren von *Fremdbesetzungen* ist ein Hauptfaktor in der schamanischen Arbeit. Fremde Seelen ziehen mit ihrem Lebensplan einfach in unser Haus und bringen damit den eigenen Lebensplan durcheinander. Da ich die Seele sehen und mit ihr sprechen kann, begegnet sie mir im Seelenhaus meiner Klienten wie Besuch und ich kann mit ihr verhandeln. Ich habe sehr gute Erfahrungen mit Ärzten und Therapeuten gemacht, die ihre Grenzen erkannt haben und die Möglichkeiten zwischen Himmel und Erde zusätzlich in Betracht ziehen. Fremdbesetzung ist keine Geisteskrankheit oder geistige Verwirrung. Mit meiner außergewöhnlichen Hellsichtigkeit *scanne* ich die Interessenten schon bei der Terminabsprache und sehe, ob ich jemandem helfen kann. Manchmal muss ich sie auch an die Psychologen oder Psychiater verweisen, denn ich setze klare Grenzen für meine Arbeit.

Fremde Seelenanteile kann man sich wie einen Virus einfangen. Für gewöhnlich geht das auch wieder weg.

Wenn man jemanden liebt, dann tauscht man mit diesem Menschen auch Seelenanteile. (Ich werde in dem Kapitel über Seelenverlust noch genauer darüber berichten.) Auch sehe ich, wenn jemand eine Bluttransplantation oder sogar ein neues Organ bekommen hat. Manchmal haben die Seelen Absprachen getroffen und vertragen sich auf Anhieb. Aber manchmal kommen sie auch als Störenfriede und wollen die Macht übernehmen. Man kann es ihnen nicht übel nehmen, da sie ja aus ihrem eigenen Seelenhaus vertrieben worden sind und nun ihren Seelenplan in einem anderen verwirklichen wollen. Die Arbeit mit Schamanen kann die Abwehr des Körpers in Gastfreundlichkeit wandeln.[3]

Auffällig sind die Seelenanteile von Verstorbenen. Sie können ganz nützlich sein und uns im Schmerz der Trauer als innere Stimme viel Kraft und Vertrauen geben. Zu mir kommen aber auch Leute mit Lebensblockaden, welche häufig durch Verstorbene ausgelöst werden, die sich weigern, ihr irdisches Dasein aufzugeben und sich nun bei ihren Familienmitgliedern breitmachen. Hier hilft der Schamane der Seele, ihren eigentlichen Platz einzunehmen.

3 Ich habe mich sehr über die Reportage „Böses Blut - Transfusionsrisiken, Kehrtwende in der Intensivmedizin“ gefreut, ARD 24.11.2014. Sie hat die körperlichen Kriegszustände infolge von Fremdmaterial aufgezeigt.

So erging es einer Klientin von mir. Bei meiner Seelenhausbesichtigung sah ich in ihrem Kopf ein hochmodernes Managerbüro mit super Voraussetzungen für eine schöpferische Tätigkeit im Leben. Eine große Scheibe und eine Glastür zeigten mir ihren Platz in ihrem beruflichen Leben. Als ich mir allerdings die Bilder näher heranzoomte, sah ich das Namensschild ihrer Mutter an der Tür und diese saß auch dort am Schreibtisch. Doch da gehörte sie eindeutig nicht hin, sie musste nun endlich den Platz für meine Klientin räumen. Ich wechselte sofort die Schilder aus und die Seele meiner Klientin nahm ihren rechtmäßigen Platz ein. Nach der Reise bestätigte mir meine Klientin, dass sie dieses Gefühl auch schon hatte, sich aber nicht traute, es zu akzeptieren. Ihre Mutter war schon eine Weile tot. Sie war im Leben überdiszipliniert gewesen und hatte dies an die Tochter weitergeben wollen. Selbst im Tod war sie noch der Meinung, dass ihre Tochter ihr Leben ohne sie nicht hinbekäme.

Das Wohnzimmer

In der Herzgegend sehe ich unser Wohnzimmer. Hier entscheiden wir über unser Wohlfühlgefühl. Wer einen Platz in unserem Herzen hat, darf auch auf dem Sofa sitzen. Aber meine Klienten kommen ja zu mir, weil sie sich mit sich selbst nicht wohlfühlen - hier ist also meine Arbeit gefragt.

Ein junger Mann kam sehr erschüttert (im wahrsten Sinne des Wortes) zu mir. Er war sich sicher, dass er eigentlich ein tolles Leben habe, und doch sei er nun in eine Lebenskrise geraten. „Er findet sich gerade nicht wieder." (Ich liebe es, wie die Seele sich über das unbewusst gesprochene Wort ausdrücken kann.) Auf meiner Reise ging ich als Erstes in sein Seelenhaus und sah, wie unter einer umgekippten Schrankwand mit vielen Büchern seine Seele vergraben war. Sie lebte, konnte sich aber nicht selbst befreien. Ich räumte alles beiseite und befreite die Seele zunächst von dieser Last. Bei meiner Weiterreise durch sein Seelenhaus stieß ich zur Ursache vor: Sein Inneres hatte durch eine plötzliche äußere Situation eine erdbebenähnliche Erschütterung erfahren und war daran zerbrochen. Ich musste ihm eine Alternative bieten und ein neues Seelenhaus mit neuer Einrichtung erstellen. Die Schrankwand stand in diesem Fall für seine Spießigkeit (man kann sich auch daran aufspießen).

Was war nun wirklich passiert? Der junge Mann lebte der gesellschaftlichen Norm entsprechend und meinte, glücklich und zufrieden zu sein. Das Erdbeben stand für eine unerwartete homosexuelle Erfahrung, die sein festes Haus zusammenbrechen ließ und seine Seele begraben hatte.

Die Küche

Die Küche ist das Zentrum des Seelenhauses und ungefähr in der Magengegend angelegt. Dort steht auch der

Herd mit dem Topf für die Lebenssuppe. Sie zeigt mir, wie jemand mit seinen Kräften umgeht. Ist der Topf leer und der Boden sogar verbrannt, hat sich der Klient völlig verausgabt und sich nicht um das Nachfüllen seiner Kraftreserven gekümmert. Es ist doch völlig logisch, dass ein Mensch in diesem Zustand nicht mehr lange weitermachen kann. Ich muss dann in der Reise neue Zutaten für eine neue Suppe besorgen und diese zubereiten. Das ist zwar eine lebensrettende Sofortmaßnahme, aber der Klient muss nun selbst lernen, sein inneres Süppchen immer am Köcheln zu halten. Wenn man dann gelernt hat, dass man nicht nur schöpfen kann, sondern auch immer wieder Ruhepausen zum Kochen einlegen muss, dann ist unsere Kraft unendlich.

In der Küche sehe ich aber auch, wer sich an den Kräften meiner Klienten bedient. Oftmals schöpfen andere Leute einem Kraft ab - ich sehe die Seelen dieser Menschen als eine Fremdbesetzung im Seelenhaus meines Klienten. Ich kann sie genau beschreiben, oft sagen sie mir auch, wer sie sind. Diese Mitmenschen machen das ja häufig unbewusst und wissen gar nicht, wie sehr sie anderen damit schaden. Hier ist es wichtig, meinem Klienten ein Bewusstsein für sich zu schaffen.

Bei meiner Arbeit geht es immer um eine geführte Unterstützung zur Klärung und Bewusstwerdung von Lebensverhältnissen und persönlichen Gegebenheiten sowie um die Aktivierung von Selbstheilungskräften. Im Seelenhaus baue ich dann eine Essenklappe, durch die mein Klient etwas abgeben kann, wenn er etwas übrig hat, oder die geschlossen bleibt, bis der Topf wieder gefüllt ist. Man kann nur etwas geben, was *überflüssig* ist, ansonsten gibt man sich selbst auf und damit ist niemandem geholfen.

Einmal kam ein junger Mann zu mir. Er war völlig erschöpft und wusste nicht, was er machen sollte. Ich sah in seiner Seelenhausküche eine sehr energische Frau an seinem Herd stehen. In der Küche saßen viele Menschen an einem gedeckten Tisch. Die Frau, sie nannte sich „Mutter", verteilte aus seinem Topf seine Suppe. Er selbst war in seinem Haus gar nicht zu sehen. Es war erschreckend. Ich bat alle, zu gehen, was sie nur widerwillig taten, denn es war ja so schön bequem für sie. Ich räumte alles auf und suchte die Seele meines Klienten, damit sie wieder Chef im eigenen Haus werden könne. Nach der Reise bestätigte mir mein Klient genau diese Situation. Die Mutter hatte ein Unternehmen, mit dem sie für das Glücksgefühl ihrer Kunden sorgte. Sie nutzte ihren Sohn in dramatischer Form aus, um sich selbst zu profilieren. Er konnte sich bisher nicht gegen sie wehren; Krankheiten halfen ihm, dieser Situation aus dem Weg zu gehen.

Der Hauswirtschaftsraum

Hier zeigt mir die Seele, wie das körperliche System funktioniert. Meistens sind die Sicherungen durchgebrannt oder die Leitungen sind durch Überlastung kaputt. Ich selbst habe überhaupt keine Ahnung von Elektrik und bin immer wieder erstaunt, mit welcher Selbstverständlichkeit meine Seele in den Trancereisen große Reparaturen vornimmt. Die Waschmaschine zeigt mir, ob mein Klient seine Dinge immer wieder bereinigen kann. Ich überprüfe seine Arbeitsgeräte, die er braucht, um sein Leben zu gestalten. Es gibt unendlich viele Möglichkeiten und es ist jedes Mal anders. Wenn die Teilnehmer in meinem Seminar *Mein Seelenhaus* selbst ihr eigenes Haus entdecken, gibt es immer wieder ein großes Staunen.

Das Kinderzimmer

Das Kinderzimmer zeigt mir das Verhältnis meines Klienten zu seinen Kindern auf der Seelenebene, das ist extrem vielfältig und immer wieder unglaublich.

Bei einer Reise durch den Körper meiner Klientin traf ich in ihrem Kinderzimmer die Seele eines Mannes von ungefähr dreißig Jahren. Er hatte es sich dort bequem gemacht, obwohl der Raum nicht wirklich seinen Ansprüchen entsprach. Ich fragte ihn, was ich tun könne, damit er in sein eigenes Leben gelangen könne. Er zeigte auf die Zimmertür, diese ging jedoch nur einen winzigen Spalt auf. Er hatte es verpasst, dort hindurchzugehen, als er noch klein genug dafür war. Nach der Reise war meine Klientin sehr angetan und berichtete mir, dass ihr Sohn schon längst erwachsen ist und immer noch zu Hause wohnt. Es hatte eine schwere Zeit in ihrem Leben gegeben und da hatte sie ihn nicht loslassen können. Auch konnte sie nachvollziehen, dass sie offenbar die Tür von außen zugehalten und ihm so den Weg in die Freiheit versperrt hatte. Nun war er bequem geworden und fand keinen Platz im Leben. Ich traf sie ein halbes Jahr später auf der Straße. Sie berichtete mir, dass ihre Gebärmuttersenkung (Ursprung der Krankheit auf der Seelenebene durch die Last des ausgewachsenen Sohnes) operiert wurde und ihr Sohn eine Wohnung, einen Job und eine Freundin gefunden hat.

Für mich ist es immer wieder traurig, wenn ich die Seelen der nichtgeborenen Kinder im Kinderzimmer finde. Auch wenn ihr irdisches Leben durch einen Abbruch der Schwangerschaft nicht möglich war, so bleibt doch die Seele im Körper/Kinderzimmer. Sicherlich findet sich im Einzelfall immer ein ganz triftiger Grund, warum gerade dieses Kind nicht geboren werden sollte, aber wenn es im Seelenplan (siehe Kapitel Lebensbuch) so festgelegt war, bleibt die kleine Seele und kann nicht zurück. Ich habe dies oft als Ursache von Krankheiten erlebt, und noch schlimmer:

als Ursache des Nicht-sterben-Könnens. Die meisten Frauen hatten das längst vergessen, ihre Seele aber vergaß es nicht.

Ich finde immer wieder die Bestätigung dafür, dass eine bestimmte Erkrankung nicht bei allen Menschen die gleiche Ursache hat. Sie ist genauso individuell wie die Menschen selbst.

Eine Frau mit einer schlimmen Neurodermitis kam in ihrer Verzweiflung zu mir. Sie hatte alles ausprobiert und nichts half. Ich machte mich auf die Reise zur Ursache. In ihrem seelischen Kinderzimmer waren die Seelen eines größeren Mädchens und eines kleineren Jungen. Ich fragte sie, wer sie seien. Beide berichteten mir, dass sie die Seelen von zwei abgetriebenen Kindern wären. Ich bat sie im Namen meiner Klientin um Verzeihung und die geistige Welt um ihre Wiederaufnahme für ein neues Leben. Meiner Klientin musste ich nach der Reise von den Kindern berichten. Da ich das Geschlecht und das Jahr wusste, glaubte sie mir sofort. Sie war total erschüttert, weil sie das nie jemandem erzählt hatte. Wie ich das nur wissen könne ... Sie bestätigte mir aber, dass sie bis zu diesem Tag nicht damit fertig geworden sei und ihr schlechtes Gewissen sie immer noch quälen würde. Als ich sie später wieder traf, war die Neurodermitis verschwunden.

Das Seelenhaus-Kinderzimmer ist nicht spezifisch für die Frau; ich sehe es genauso bei Männern. So sah ich auch schon in ihren Kinderzimmern Seelen, weil mal irgendeine frühere Freundin von ihnen in jungen Jahren ein Kind abgetrieben hatte. Manchmal waren die Männer dann so erstaunt und haben erst durch Nachforschungen erfahren, dass sie beinahe Vater geworden wären.

Wenn eine Seele geboren werden möchte, sehe ich sie schon in der Aura eines Menschen. Es ist so, als wenn ein kleines, nicht greifbares fertiges Menschlein auf der Schulter seiner zukünftigen Eltern sitzt. Ich sehe es und kann mich mit ihm unterhalten. So vermittele ich oft zwischen ihm und den Paaren, die wegen Kinderlosigkeit zu mir kommen. Die Metapher des Kinderzimmers zeigt mir, ob der Körper für eine Schwangerschaft bereit ist und was ich tun kann, damit sich eine Seele in der Zeit der Schwangerschaft darin wohlfühlen kann.

Eine Frau kam schon seit Jahren für schamanische Reisen zu mir. Immer lag etwas anderes an und immer erzählte ich ihr von der Kinderseele auf ihrer Schulter, die so gern geboren werden wollte. Für die Frau gab es jedoch nie den richtigen Zeitpunkt, dieser Seele mit einer Schwangerschaft eine Hülle zu geben. Dann ging die Seele. Jahre später kam nun diese Frau, weil sie einfach nicht schwanger wurde. Als Erstes besah ich mir das Kinderzimmer und musste feststellen, dass die Tür dorthinein völlig verriegelt war. Sie war abgeschlossen und der Schlüssel war weg. Durch die lange Verneinung der Schwangerschaft war selbst der Türrahmen so verzogen, dass ein Öffnen nicht mehr möglich war. So blieb mir nur noch, Gott nach einer Lösung zu fragen. Er erlaubte mir, den Türrahmen aus der Wand zu stemmen und durch eine neue Tür zu ersetzen. (Für größere Umbauarbeiten muss ich wirklich immer zum göttlichen Bauamt und um eine Genehmigung bitten. Ich bin immer wieder fassungslos, wie ähnlich da oben vieles ist.) Meine Klientin bestätigte mir, dass sie schon lange keinen Zyklus mehr hätte und eine Schwangerschaft nur noch mit großem medizinischen Aufwand möglich wäre. Sie hatte sich zu lange vor einem Kind verschlossen.

Der Tresor

Im Seelenhaus sehe ich auch einen Tresor. Dieser wird von unserem Denken gefüllt und von der Seele verwaltet. In ihm liegen die Dinge verborgen, vor denen wir uns wahrlich *verschließen*. Manchmal ist es nur eine kleine Kassette, aber oftmals ist der Tresor so groß wie der Schließfachraum einer Bank. Genau wie im wahren Leben ist das Öffnen eines lange verschlossenen Tresors auch auf der Seelenebene sehr spannend. Er kann ganz verborgene Schätze enthalten, mit denen wir unser Leben viel effektiver nutzen können. Oft betrifft dies Talente, die wir mitbekommen haben, aber nicht nutzen. Es amüsiert mich jedes Mal, wenn Leute nach ihrem Besuch bei mir plötzlich malen oder handwerkliche Dinge verrichten können. Sie haben mich fast ausgelacht, als ich ihnen sagte, was ich aus ihrem Tresor geholt habe. So sind beispielsweise Frauen, die ihre Weiblichkeit dort eingelagert hatten, anschließend in die Stadt gegangen und haben sich Kleider gekauft.

Ich werde auch immer wieder gefragt, wie ich die vielen, zum Teil furchtbaren Bilder ertragen kann. Und in der Tat - oftmals ist das schwer auszuhalten. Aber ich arbeite sehr viel mit mir selbst und in meinen Reisen zu mir verarbeite ich das. Dennoch gibt es auch immer wieder Zeiten, in denen ich nicht arbeiten kann. Für vieles bekomme ich aber eine Erklärung von der geistigen Welt und das hilft mir dann, die Dinge zu verstehen.

In einem Gottesdienst hörte ich einmal eine Geschichte.

„... Warum hören wir *Gott nicht?" - „Weil uns seine Antworten nicht gefallen."*

Ich höre seine Antworten und akzeptiere sie. Für mich ist es grausam, wenn ich im Tresor die wunderbaren göttlichen Gaben sehe und diese nicht genutzt werden können. Eine Geschichte lässt mich immer noch nicht los:

Eine zauberhafte junge Frau suchte Hilfe bei mir, weil sie einfach nicht in ihr Leben kam. Sie war gehörlos und der Arbeitsmarkt war ihr gegenüber sehr lebensfeindlich. Bei meiner Reise durch ihr Seelenhaus kam ich an ihren Tresor und öffnete ihn. Er war übervoll. Am meisten haben mich darin die riesengroßen goldenen Hände fasziniert. Gott zeigte mir, wie meine Klientin diese Hände gebrauchen sollte. Sie zog die Hände wie Handschuhe an und Gott stand hinter ihr und ging mit seinen Händen ebenfalls in diese Handschuhe, über ihre Hände. Damit konnte sie ganz besondere Massagen machen. Dieses Bild hat mich unendlich berührt. Leider schaffte sie es aufgrund unüberwindlicher bürokratischer Hürden nicht, dies im echten Leben umzusetzen. Stattdessen lebt sie auch heute noch am Existenzminimum und ist damit kein Einzelfall.

Ich hoffe, dass sich wenigstens für Menschen, die ihr besonderes Talent entfalten möchten, ein bedingungsloses Grundeinkommen durchsetzen wird. Die Gesellschaft kann es sich nämlich eigentlich gar nicht leisten, so viel Potenzial zu verschwenden.

Wenn ich mal ganz traurig bin und meinen Job am liebsten hinschmeißen möchte, dann denke ich immer an meine Lieblingsreise:

Eine Frau war schon lange verheiratet und ihre Ehe hatte nur noch eine reine Funktionalität. Sie schleppte sich schon lange mit diversen körperlichen Beschwerden herum und fand auch keine Heilung dafür. Bei meinem „Durchgang“ kam ich zu ihrem Tresor. Ihre Seele gab die Geheimnummer ein und die Tür öffnete sich für mich. Die Frau hatte dort ihre sexuelle Lust eingeschlossen. Im Leben hatte sie immer wieder ihre Lust eingesperrt, um ihren Mann zu bestrafen, wenn er sich nicht so verhalten hatte, wie sie sich das wünschte. Irgendwann war der Punkt überschritten und die beiden konnten nicht mehr miteinander in Resonanz gehen und gemeinsam ihre Probleme lösen. Für die Frau war es die einfachste Lösung, sich zu verschließen. Ich sehe dieses dann immer im Tresor und versuche, es wieder bestmöglich in das Leben zu integrieren. Nach der Reise fühlte sich die Frau wie auf rosaroten Wolken, sie fuhr auf der Heimfahrt sofort bei ihrem Mann im Büro vorbei und vernaschte ihn gleich auf dem Schreibtisch. Er war vorher gegen solchen Humbug, wie er den Besuch bei mir bezeichnete. Mit solchen Vorurteilen muss ich immer wieder arbeiten. Ihren Mann jedoch konnte ich restlos überzeugen und er hatte nie wieder etwas gegen weitere Besuche seiner Frau bei mir. Diese erste Reise war für beide eine Art Urknall, der ihnen eine intensive Aufarbeitung ihrer Probleme ermöglichte. Damit begann ein Weg zur Verständigung und liebevollen Annäherung – beiden geht es heute miteinander als Paar wieder sehr gut.

Der Teppich

Gott hat einmal zu mir gesagt: „Du kannst alles unter den Teppich kehren, aber irgendwann wird so eine große Beule daraus und du fällst darüber und brichst dir das Genick.“ Er hat so recht. Es ist unfassbar, was sich da manchmal bei anderen Leuten findet und sich als Disharmonie in ihrem Leben widerspiegelt. Ich selbst war nicht frei davon gewesen, *Dinge unter den*

Teppich zu kehren und habe in meiner Eremitenzeit so manches Mal etwas hervorgezogen, wovon ich gehofft hatte, dass es schon irgendwann in Vergessenheit geraten würde. Der Mensch neigt einfach dazu, es sich leicht machen zu wollen. Aber das Teppichbeispiel verdeutlicht, dass nichts verloren geht. Es taucht immer wieder auf und muss bearbeitet werden! Nach diesen Prozeduren der Altlastbeseitigung habe ich mir die schnelle Erledigung angewöhnt.

Mein großes Arbeitsgebiet ist die Sterbebegleitung. Es gab und gibt seit tausenden von Jahren unendlich viele Forscher, die daran arbeiten, wie man das Leben verlängern könnte. Ich habe mich immer damit beschäftigt, warum Menschen nicht sterben können und ein langes Dahinsiechen das Ende einleitet. Wenn der Tod kommt und die Seele abholt, muss das Seelenhaus besenrein und alles abgearbeitet sein. Ich helfe in der Sterbebegleitung, den Teppich hochzunehmen und alle Altlasten zu entsorgen. Bei der Kriegsgeneration sehe ich oft meine Klienten im 2. Weltkrieg, was sie dort getan haben und wovon sie überhaupt nichts mehr wissen wollen. Sie selbst haben Ereignisse und Erinnerungen verdrängt und unter den Teppich gekehrt. Mit meinen Möglichkeiten helfe ich ihnen bei der Entsorgung. Ich bin immer wieder sehr glücklich, dass ich diese besondere Arbeit machen kann.

Eine junge Frau kam mit großen undefinierbaren Problemen zu mir, die sich auch gesundheitlich auswirkten. Ich sah ihre Seele in ihrem Haus, als kleines, circa vier Jahre altes Mädchen. Ein alter Mann war bei ihr und legte eine kleine Schachtel mit einem Geheimnis unter den Teppich. Sie flüsterten und der alte Mann ermahnte sie nochmals, dass dieses große Geheimnis für immer unter dem Teppich bleiben soll. Sie darf dieses Kästchen nie aufmachen. Der alte Mann ging und ein kleines trauriges Mädchen blieb zurück. Ich nahm den Teppich hoch und das Mädchen bekam furchtbare Angstzustände. Ich versprach ihr, das Kästchen an mich zu nehmen und es für sie aufzubewahren. Wenn es an der Zeit ist, wird sie es aufmachen. Sie war sehr froh und konnte nun endlich frei spielen. Nach der Reise erzählte ich der jungen Frau sehr knapp von meinen Erlebnissen und das war gut.

Wenn ich arbeite, dann ist das wie eine richtige Operation und es kann eine sogenannte Erstverschlechterung auftreten. Das Wort *Erstverschlechterung* ist allerdings eine totale Irreführung. Ich nenne es *Verschlimmbesserung*. Wenn wir in einem Akutzustand sind, stehen wir vor einer Weggabelung und können uns entscheiden, ob wir diesen Zustand chronisch werden lassen oder ob wir eine Heilung wünschen. Wenn also etwas chronisch ist, muss man zurück in den Akutzustand, um den anderen Weg der Gabelung zu beschreiten.

Diese junge Frau hatte noch zwei Nächte lang mit Albträumen zu tun, aber dann ging es ihr so gut wie nie. Die Seele gibt die Informationen erst frei, wenn sein Mensch geistig und körperlich dazu bereit ist. Ein Jahr später rief mich die Frau an. Sie weiß jetzt, dass sie in dem betreffenden Alter von ihrem Onkel missbraucht worden ist. Die Bilder kamen zwar zurück, aber es war emotional nicht mehr so schlimm für sie, da wir es ja auf der Seelenebene (der Emotion) bearbeitet hatten.

Der Keller

Im Keller sehe ich die Regale mit unseren haltbar gemachten Ängsten. Sie werden dort gut verwahrt und im Notfall immer wieder hervorgeholt. Die Ängste waren einmal kleine Samenkörner, aber sie wurden gepflegt. Zum Teil zu Riesenkürbissen herangewachsen, stehen sie uns dann lebenslang zur Verfügung. Das Wasser steht als Metapher für Emotionen, und wenn uns im Leben gerade wieder eine Flut erreicht und unseren Keller füllt, schwemmen unsere Konserven auch mal ins Wohnzimmer und laufen dort aus. Ein Wohlfühlen ist dann nicht mehr möglich. Auf meinen Reisen zeigt mir die Seele den Keller und die dort befindlichen unbewussten Ängste, die ein gutes Leben meiner Klienten verhindern. Ich bin immer wieder erstaunt, was für bizarre Ängste es gibt. An dieser Stelle sei nochmals darauf hingewiesen, dass dies die Ängste der Seele sind, die nicht in unserem Bewusstsein sind.

Ein junger Mann kam zu mir und ich konnte mir zunächst gar nicht vorstellen, dass er ein Problem haben könnte. Aber auch er fand einfach keinen Platz im Leben. Er hatte so viel versucht und war immer wieder gescheitert. Unbegründete Todesängste lähmten ihn. Ich machte mich auf meine schamanische Reise durch seinen Körper. Es gab allerlei zu tun, aber das Wichtigste war seine konservierte Angst, „weggeschmissen zu werden". Ich konnte überhaupt nichts damit anfangen. Als ich ihm davon berichtete, wusste er sofort, was damit gemeint war. Er war eines der ersten Kinder, das aus einer künstlichen Befruchtung entstanden war. Daran hatte er selbst gar nicht mehr gedacht und war nun froh, dass diese Angst ihn ab sofort nicht mehr lähmen sollte.

Bei einer Frau im mittleren Alter stand eine Angst in Form des Schlafliedes „Guten Abend, gute Nacht". Damit konnte ich auch nichts anfangen. Sie kam auch mit unbegründeten Todesängsten zu mir. Ich erzählte ihr von meinen Bildern und sie konnte sich dann genau erinnern: Als Kind hatte man ihr jeden Abend dieses Lied zum Einschlafen vorgesungen und es gibt im Lied eine Zeile „Morgen früh, wenn Gott will, wirst du wieder geweckt". Sie hatte immer Angst davor, was wohl passieren würde, „wenn Gott das nicht will". Diese Angst vor dem Einschlafen hatte sich so verfestigt und als erwachsene Frau wusste sie natürlich nicht mehr, was die

Ursachen waren. Auch hätte sie es gar nicht selbst ändern können, da sich die Angst in der Seele manifestiert hatte.

Der Müll

Ich sehe jedes Wort wie ein Bild und somit wird jeder Satz zu einem Kurzfilm in meinem Kopf. Wenn jemand tief Luft holt und das Gespräch mit dem Satz beginnt: „Ich muss das mal alles loswerden", entsteht in mir eine leichte Panik. Sofort wird aus dem Satz ein Film, in dem ich eine Mülltonne bin und mein Gesprächspartner den Deckel hebt und sich dort hinein übergibt.

Hierbei geht es nicht um das Entziehen von Hilfe, Trost und Mitgefühl. Aber es hat sich vielerorts eine Art von Konsum eines Menschen zum Zwecke der persönlichen Seelenmüllentsorgung entwickelt. Ich liebe ausgedehnte Gespräche über Probleme, bei denen gemeinsam nach deren Ursprung und einer Klärung gesucht wird. Dies wird dann für beide zur heilenden Lektion. Aber ein Gespräch heißt: abwechselndes, gegenseitiges Fragen und Antworten und dazwischen kreatives Schweigen. Ein ewiger Monolog ist für beide Seiten nicht hilfreich und nur ein sinnloses Weitergeben von Schmerz. Da leben die Tratschen auf der Seelenebene das gesündeste Leben. Sie geben es sofort wieder an den Nächsten ab. Ich habe mich immer köstlich amüsiert, wenn jemand auf den Kernsatz: „Ich will das nur mal loswerden" geantwortet hat: „Hast du keinen Frisör?“ Heute weiß ich, wie Frisöre von innen aussehen, die für sich keine persönliche Müllentsorgung gefunden haben und den Menschen, die unbedingt etwas loswerden wollen, schutzlos ausgeliefert sind, und ich finde den Spruch nicht mehr lustig.

Mit der Diagnose „Burn-out“ kam eine junge Frau zu mir. Sie war schon lange krankgeschrieben und sollte nun aber wieder in den Arbeitsprozess eingegliedert werden. Für sie erschien dies unmöglich und so sollte ich mal bei ihr nachsehen, was ihr im Wege stand. In meiner Trancereise kam ich sofort zu ihrem Seelenhaus. Das Klo war mit Zeitungspapier völlig verstopft und das ganze Haus stand schon knietief unter Wasser. Ich beseitigte den Schaden, konnte aber mit den Bildern nichts anfangen und bat Gott um eine Erklärung. Er sagte mir, dass Zeitungspapier für fremdes Wissen steht und nichts mit uns persönlich zu tun hat. Das Wasser steht für Emotionen, die in ihr nicht mehr fließen konnten. Im anschließenden Gespräch erzählte mir meine Klientin, dass sie Frisörin ist und sich die Sorgen ihrer Kundinnen immer viel zu sehr zu Herzen nimmt. Meine Bildsprache sah gleich das übervolle Herz, dass sich nicht erleichtern konnte.

Ich sehe viele Seelenhäuser mit hochgestapelten Zeitungen. Meistens sind ihre Bewohner die Seelen von Frisören, Fußpflegern, Kosmetikerinnen oder Physiotherapeuten. Es ist natürlich keine spezifische Berufskrankheit dieser Gilde. Oft passiert es den Menschen, die direkt am Körper des anderen arbeiten und dem *Müllabladen* ausgeliefert sind. Ich finde dies auch bei solchen Menschen, die es immer nur *gut meinen,* nicht *nein* sagen können oder zu schwach sind, den Monolog in ein Gespräch zu wandeln.

Manchmal sehe ich auch reichlich Wohnraum- und Kochzeitschriften. Diese Klienten werden von anderen Menschen, die angeblich genau und viel besser wissen, wie der Klient zu leben hat, regelrecht zugetextet. Es ist immer die Meinung der anderen. Sollte man diesen Meinungsmüll zu sehr aufnehmen, kann dies leicht zu einer körperlichen Disharmonie führen. Meine Klienten sind nach der schamanischen Reise immer sehr verblüfft, welche unbewussten Vorgänge ihre Beschwerden verursacht haben.

Der Satz: „Ich lasse es über mich ergehen" ergibt für mich ein Bild, welches ich bei einer Kosmetikerin sehen konnte.

Ihr Seelenhaus entsprach einer Kleckerburg, wie sie die Kinder bei uns an der Ostsee aus nassem Strandsand mit großer Freude bauen. Für meine Klientin war es aber der Klärschlamm anderer Leute, der sich über sie ergossen hatte. In meiner Reise musste ich ihr Seelenhaus mit einem überdimensionalen Spritzschlauch abstrahlen. Darunter kam die Seele einer zauberhaften jungen Frau zum Vorschein. Sie war so lange eingesperrt und verkümmert und ich musste erst einmal eine Seelenphysiotherapie mit ihr machen. Meine Klientin erzählte mir nach der Reise ihre körperlichen Beschwerden. Eine innere Lähmung hatte sie zu mir geführt und die Bilder deckten sich mit ihrem Zustand.

Mir sind diese Müllberge nicht fremd und ich habe lange an deren Abbau gearbeitet. Kleine Rituale helfen, eine Zwangssituation zu überstehen. Es hilft, nach einem Monolog eines anderen gedanklich seinen Müll vor die Haustür zur Abholung zu bringen. Von anderen habe ich gehört, wie sie sich andeutungsweise den Finger in den Hals stecken und so tun, als würden sie alles wieder ausspucken. Wenn man seinem Gesprächspartner nicht ausweichen kann, kann es auch helfen, gedanklich eine Jalousie vor seinem Gesicht herunterzulassen. Das geht ganz schnell und durch den Spalt dringt nur ganz wenig Energie des anderen.

Ich selbst bade sehr oft in einem Energiebad. Es besteht aus einer Badewanne voll Wasser mit zwei Kilo Salz und einem großen Glas löslichem Kaffee. Danach richtig abduschen und schnell ins Bett. Meine Wahrnehmung und Empfindlichkeit ist so extrem, dass ich mich in schwierigen Situationen unbedingt schützen muss. Dafür bereite ich mich gut vor. Ich besitze einen wunderbaren Schlafsack. Es ist eigentlich ein mit Daunen gefüllter Ganzkörperanzug mit Armen und Beinen sowie angearbeiteten Füßlingen und Handschuhen. Die Kapuze schützt den Kopf und nur das Gesicht ist frei.

Er ist wind- und regenabweisend, also perfekt. Leider kann ich ihn nicht wirklich anziehen und so mache ich es einfach gedanklich. Alle negativen Energien werden durch die Daunen schon mal abgefedert. Es dringt nichts zu mir durch, aber mein Gesicht ist offen und ich kann ganz normal kommunizieren. Niemand merkt mir diesen Zauberanzug an. Nach der Situation ziehe ich ihn gedanklich wieder aus und bin völlig relaxt. Mit diesem Trick haben schon viele meiner Klienten schwierige Begegnungen gemeistert.

Oftmals ist es ein inneres Gefühl von falsch verstandener Schuld oder Verantwortung, die uns den Seelenmüll von anderen übernehmen lässt. Eine Problemübernahme kann die eigenen Löcher füllen. Ich nenne es Harmonie-Sucht (siehe Kapitel Seelenverlust).

Beim „Rundgang" durch das Seelenhaus einer Klientin entdeckte ich an einer Seite eine Babyklappe. Ich spulte mir ihren Lebensfilm zurück, um an deren Entstehung zu gelangen. Dabei sah ich, wie sie in ihrer Kindheit voller Verzweiflung eine Lösung gesucht hatte, um Liebe zu bekommen. Sie hatte gehofft, wenn sie die Probleme anderer übernähme, würde man sie dafür lieben und alle wären glücklich. Aus dieser Programmierung war die Babyklappe entstanden. Das hatte ihr aber leider nur große, unerklärliche Leibschmerzen gebracht. Die Menschen in ihrer Umgebung liebten sie, aber nur, weil sie so schön praktisch war. In meiner Trancereise entfernte ich die Klappe und mauerte das

Loch zu. Es geht der Frau jetzt richtig gut damit. Das Bild von ihrem alten Seelenhaus hilft ihr sehr, wenn sie wieder in alte Muster verfällt.

Eine unerklärliche Lähmung, eine Kraftlosigkeit oder eine Lebensteilnahmslosigkeit sind Hauptgründe für einen Besuch bei mir. Medizinisch und psychologisch ist alles abgeklärt und doch ist keine Besserung in Sicht.

So erging es auch einer lieben Klientin von mir. Sie war schon eine Weile in Rente und kam einfach nicht in die Lebensfreude. Sie hatte so viele Pläne und Wünsche, aber sie hatte überhaupt keine Kraft für deren Verwirklichung. Als ich meine schamanische Reise durch ihr Seelenhaus begann, kam mir sofort die Seele ihres verstorbenen Chefs entgegen und versperrte mir den Zutritt. Ich hatte mit ihm und dieser Macht überhaupt nicht gerechnet. So musste ich mich auf eine lange Diskussion mit ihm einlassen. Er erklärte mir, dass ich diese ganzen Ordner und Papiere nicht aus dem Seelenhaus meiner Klientin räumen dürfe. Sie hatte sich während ihrer Dienstzeit dazu verpflichtet, die Dinge im wahrsten Sinne des Wortes für sich zu behalten. Mit Gottes Hilfe brachten wir diese geheimen Unterlagen an einen geheimen Ort und die Seele des alten Chefs konnte endlich in Ruhe gehen. Meine Klientin bestätigte mir, dass sie in ihrem Betrieb ein Geheimnisträger gewesen war und damit eine große Verantwortung besessen hätte. Das war oft eine schwere Last für sie. So etwas kann schon mal auf die Seelenebene übergehen und körperliche Beschwerden auslösen. Diese

Reise ist schon viele Jahre her und man konnte zusehen, wie schnell sich meine Klientin ihr Leben zurückholte und ihre seelische Freiheit genoss. Sie nahm sogar etliche Kilo ab, was ihre neu gewonnene Lebensfreude potenzierte.

Es tut mir immer leid, wenn meine Klienten nach einer Reise bei mir enttäuscht sind, weil ich nicht die großen Dramen gesehen habe, die sie schon jahrelang mit den verschiedensten Psychologen bearbeiten. Im Seelenhaus sind diese längst im Mülleimer gelandet und nun muss der Müll nur vor die Tür zur Abholung gestellt werden. Ich kann es nur auf der Seelenebene entsorgen und ein Ritual kann auf der Geist- und Körperebene ein Abschluss sein.

Das Lebensfilmarchiv

Alles, was in unserem Leben passiert, wird von Gott aufgezeichnet und in einem Filmarchiv gelagert. Ich habe mir den Schlüssel dafür hart erarbeitet und kann mir nun das Leben meines Klienten wie ein Video zurückspulen und sehen, was sein Leben ins Stocken gebracht hat und wo die Seelenanteile verloren gegangen sind.

Der Seelenverlust

Fakt ist, die Todesursache Nummer 1 auf der ganzen Welt und zu allen Zeiten ist der Seelenverlust. Nun gibt es aber davor noch ein paar Abstufungen, wo man nicht tot ist, sich aber auch nicht mehr lebendig fühlt. Die Skala dafür hat einen umfangreichen Wertebereich.

Die Seele besitzt die Fähigkeit, sich klein und groß machen zu können. Sie kann sich teilen oder auch nur Teile abspalten. Damit fehlt uns die volle Leistungskraft (die Energie) und der Sinn unseres Lebens entschwindet (der Lebensplan). Jedes Loch, was dann entsteht, füllt sich mit einer Krankheit, einer Sucht, einer Phobie, einer Macke, einer Fremdbesetzung oder es bleibt eben eine Leere zurück. In meinen Trancereisen sehe ich diese Löcher und suche nach den fehlenden Teilen. Sie zeigen sich wie Szenen aus einem Leben. Die Erinnerung an diese Lebensphase ist beim Seelenverlust gelöscht und wird durch die Rückholung wieder präsent. Ich versuche, die Seelenanteile mitzunehmen und wieder in den Körper zu integrieren. Sollte ich sie in diesem Leben nicht finden, gehe ich weiter zurück und gucke, was in der Schwangerschaft und bei der Zeugung passiert ist. Dann sehe ich mir an, was die Seele mit auf die Welt gebracht hat. Mein Blick in das Lebensbuch zeigt mir den Seelenplan und seine Einhaltung im wahren Leben. Sollte ich die Ursache für das jeweilige Problem dann noch immer nicht gefunden haben, bleibt mir die Möglichkeit, in vorherige Leben zu sehen.

Mein Lieblingsbeispiel ist *Burn-out.* Der Begriff wird derzeit geradezu inflationär benutzt. Was aber steckt dahinter? Mit meinen Augen kann ich es ganz einfach sehen. Wenn wir auf die Welt kommen, ist es so, als wenn wir in ein Taxi einsteigen. Die Seele ist der Fahrgast, der sein Ziel kennt. Der Taxifahrer ist unser Geist/Denken und sorgt dafür, dass die Seele ihr Fahrziel gut und pünktlich erreicht. Unser Körper ist das Taxi, dass uns abgrenzt und umhüllt. Bei Menschen mit Burn-out sehe ich, dass die Seele/der Fahrgast aus dem Taxi ausgestiegen ist, weil das Denken/der Fahrer den Weg und das Ziel bestimmt. Wer würde mit so einem Taxifahrer mitfahren? Also muss als Erstes der Fahrgast wieder einsteigen, damit der Fahrer seinen

Lohn verdient und sich etwas zu Essen kaufen kann und das Auto fahrbereit wird.

Es gibt natürlich auch Fahrgäste, die sich einfach mal so durch die Gegend fahren lassen. Aber denen geht es damit gut und die brauchen auch keine Hilfe.

Der Seelenverlust durch Schock

Die meisten Seelenanteile gehen bei einem Schock verloren. Es entsteht ein Gefühl, *neben sich zu stehen.* Meistens schützt sich die Seele nur für einen kurzen Augenblick und wenn die Gefahr vorbei ist, kommt sie schnell zurück in die körperliche Hülle.

Diesen Zustand habe ich einmal sehr bewusst bei einem Autounfall erlebt. Ich stand im Stau auf der Landstraße und sah schon im Rückspiegel, wie ein Auto ungebremst auf mich zuraste. Kurz vor dem Aufprall schnellte meine Seele aus dem Körper und war nun außerhalb des Autos, über mir. Ich konnte den Unfall somit aus sicherer Entfernung beobachten. Durch die Seele wird der Energiefluss gesteuert und so fühlt sich ein Verlust wie das Ziehen eines Steckers an. Mein Leben wurde in dem Moment nur mit einem kleinen Notstromaggregat erhalten. Das Auto hatte einen Totalschaden, doch mir ist körperlich nichts passiert. Ich war aber auch nicht in der Lage, irgendetwas zu unternehmen. Ich saß nur in dem Auto und wie ein Mantra betete ich zu meiner Seele: „Komm zurück". Dann gab es einen Ruck durch meinen Körper und sie war wieder da. Ich konnte endlich aus dem Auto aussteigen und alle Formalitäten erledigen.

Dieser Unfall war eine gute Lektion für mich. Ich habe in meinen schamanischen Reisen durch das Leben meiner Klienten diesen *Außerkörperzustand* und die dazugehörige Situation sehen können. Oftmals ist bei ihnen ein großer Seelenanteil nicht zurückgekommen und ihr spirituelles Notstromaggregat hält sie gerade so am Leben. Manchmal sehe ich den Tod am Unfallort und wie er die Verbindung der Seele mit ihrem Menschen kappt. Ich kann dann die Angehörigen nur damit trösten, dass sich die Seele ihres Lieblingsmenschen im Augenblick des Unfalles rechtzeitig in Sicherheit gebracht hat und er keine Schmerzen erleiden musste.

Es sind nicht immer die großen Ereignisse, die einen Seelenverlust verursachen. Manchmal haben gerade die kleinen, längst vergessenen Episoden die größeren Schäden verursacht. Wir messen diesen Situationen keine Bedeutung bei und verdrängen diesen knappen Lebensmoment in die unterste Gedächtnisschublade. Große Ereignisse nehmen dann den Raum ein und das kleine Ereignis wird zum Floh im großen Ganzen. Wer aber einmal von einem echten Floh heimgesucht wurde, weiß, dass man diesen nicht ignorieren kann, er wird zum Hauptthema.

So erging es einer Klientin. Eine fröhliche Frau, die mitten im Leben stand und die so schnell auch nichts umhaute. Nach langer Zeit war ihr endlich die große Liebe begegnet und dem Glück stand eigentlich nichts mehr im Weg. Doch es gab diesen seelischen Floh, der nach langem Winterschlaf endlich seinen Wirt gefunden hatte. Die Frau kam völlig verzweifelt zu mir, weil es mit dem neuen Traummann im Bett nicht klappte. Unverständlich, da sie in ihrem Leben bisher nie Probleme auf diesem Gebiet gehabt hatte. In meiner Trancereise spulte ich mir ihr Leben ab und kam zu einem kindlichen Blinde-Kuh-Spiel. Ihr waren die Augen verbunden und ein kleiner Junge hatte sich die Hose runtergezogen, sodass sie im Spiel an seine aufkeimende Männlichkeit griff. In dieser Sekunde kapselte sich ein Seelenanteil im Schockzustand ein und vergrub sich in dieser beschriebenen Schublade. Nach der Reise konnte ich ihr auf den Kopf zusagen, dass ihr neuer Partner untenrum rasiert sein müsse, denn jeder Griff holt unweigerlich dieses Schockerlebnis in ihr Gedächtnis, ohne dass sie offenbar bewusst wisse, warum dies so sei. Ich habe diesen eingekapselten Seelenanteil befreit und sie hat mir kurze Zeit später eine euphorische Rückmeldung geschickt.

Der Seelenverlust durch Verschenken

Es gibt ganz besondere Menschen, die einem das Herz erwärmen, wenn man nur in ihrer Nähe ist. Man hält fast die Luft an, wenn sie einen Raum betreten. Bei ihnen fühlt man sich rundum wohl, ohne dabei ein schlechtes Gewissen zu haben. Ich nenne sie *Katalysatormenschen* – in Anlehnung an Katalysatoren in der Chemie, die eine chemische Reaktion beschleunigen können, ohne sich selbst dabei zu verbrauchen. Solche Menschen empfangen die göttliche Energie und leiten sie weiter, ohne selbst etwas von sich geben zu müssen. Es gibt sie in allen Berufen, manchmal sind es auch Tiere. Man erkennt sie gleich nach ihrer Geburt. Ihre Augen haben so einen tiefen Glanz und man spürt, dass dieses Baby seine Lebensaufgabe schon genau kennt.

Daneben gibt es die *furchtbar Netten,* wie sie vom Volksmund wortwörtlich genannt werden. Man kann sich ihnen schwer entziehen und hat immer ein schlechtes Gewissen, weil man die gleiche Nettigkeit nicht zurückgeben kann. Sie umarmen einen mit ihrer ganzen Liebe und man möchte danach am liebsten all seine Körperteile auf Vollständigkeit überprüfen. Ihr letztes Hemd möchten sie dem anderen geben. Es ist ihnen immer wichtiger, dass es den anderen gut geht. Leider tun sie damit niemandem wirklich einen Gefallen. Sie geben ihre Seele. Und der Spruch:

„Das Gegenteil von gut ist gut gemeint",

passt selten so gut wie zu diesen Menschen.

Es schmerzt mich, wenn sie zu mir kommen, denn sie wissen es einfach nicht besser und wollen ja wirklich nur das Beste. Sie geben alles und sind dann häufig regelrecht leer oder mit einer fremden Seele besetzt. Dazu kommt die unendliche Enttäuschung/*End-Täuschung*, dass sie sich geopfert haben und nichts dafür zurückbekommen. Genau das ist der Punkt. Sie haben ihre Seele gegeben, um dafür Liebe, Aufmerksamkeit, Achtung usw. zu bekommen. Sie sind keine Katalysatormenschen. Ich kann sie absolut gut verstehen. Beide Varianten kamen auch in meinem Leben vor.

Einer meiner Lieblingsmenschen kam zu mir und bat um Hilfe. Sie fühlte sich völlig kraftlos. Obwohl sie ihren Traumjob hatte, ging ihr die Arbeit nicht von der Hand. Große körperliche Beschwerden ließen sie kaum den Alltag bewältigen. Es war schon besorgniserregend. Ich machte eine schamanische Reise für sie, um zu sehen, was ihr fehlte. Sie war innerlich völlig leer. Ich suchte nach ihren Seelenanteilen, um sie wieder zu ihr zu bringen. Dabei sah ich sie in ihrer weltlichen Suppenküche, wie sie jedem Gast eine Petersilienprise – ein kleines Stück ihrer Seele – mitgab, damit es ihm besser ginge. Ich musste während meiner Reise bei jedem dieser Leute zu Hause klingeln und die Seelenanteile wieder einsammeln. Das war aufregend und die Reise dauerte auch entsprechend lange. Ich kam mir vor wie ein Abonnementverkäufer. Einige wollten die Teile nicht zurückgeben, da es ihnen ja damit besser ging. Ich musste List und Tücke anwenden. Andere waren sehr gerührt, als ich ihnen mein Anliegen vortrug und gaben mir die Seelenanteile mit einem schönen Gruß wieder mit. Darüber war meine Klientin nach der Reise sehr gerührt.

Jeder kann ganz viel Liebe und Kraft geben, man sollte nur aufpassen, dass es einem selbst gut geht. Wenn man nicht gerade ein Katalysatormensch ist, kann man nur geben, was *über-flüssig* ist. Das heißt, man muss selbst vollständig sein, dann kann man auch abgeben. Mit der Seele ist es so wie mit dem Geld: Man kann nur etwas abgeben, wenn man genug davon hat, sonst verhungert man.

Ich habe sehr oft erlebt, dass eine falsch verstandene Hilfsbereitschaft auch tödlich enden kann:

Sehr dramatisch erging es mir mit einer Frau um die fünfzig. Bei meiner Reise sah ich ihr Seelenhaus als eine riesige Schrotthalle. Nichts davon gehörte ihr und nichts war für sie in ihrem Leben zu gebrauchen. Ihre Seele war zwar da, aber durch die scharfen Kanten war sie völlig zerschnitten. Der Schrott stand für alten Schmerz von anderen, den sie freiwillig übernommen hatte, deshalb konnte ich den auch nicht einfach wieder zurückgeben. Ich musste das Negative in etwas Positives wandeln. So begann ich, den ganzen Schrott einzuschmelzen und dann kam ihre goldene Kugel als Bild für die goldene Mitte zum Vorschein. Sie war wieder klar und frei. Meine Klientin konnte sich gar nicht für eine Emotion entscheiden. Große Freude und tiefer Schmerz wechselten in Bruchteilen von Sekunden. Sie bestätigte mir, dass sie schon lange das Gefühl hatte, sterben zu müssen, ohne dass eine konkrete Krankheit vorlag. Schon als Kind hatte sie ihre besondere Kraft gespürt und bereits damals die Probleme anderer übernommen. Jetzt war sie schon seit längerer Zeit nicht mehr arbeitsfähig gewesen und oftmals einfach nur froh, wenn sie den Tag überstanden hatte. Das war kein wirkliches Leben mehr gewesen. Über die goldene Kugel freute sie sich riesig. Vor vielen Jahren hatte sie eine solche mal in einer Psychotherapie gesehen – sie gab ihr die Kraft zum Weiterleben.

Gott gibt mir immer kleine Hinweise, wenn er einem Menschen eine Extraaufgabe im Leben zugedacht hat. So war meine Klientin zur Heilerin mit besonders viel Kraft und einer goldenen Mitte ausgestattet worden. Das hatte sie zwar bereits als Kind gespürt, jedoch leider falsch umgesetzt. Um als Heiler zu überleben, ist es besonders wichtig, ein Katalysatormensch zu sein beziehungsweise einer zu werden.

Der Seelenverlust durch Ortswechsel

Die Seele entspricht unseren Emotionen, und wenn ein Teil davon verloren geht, dann betrifft das auch das Gefühl für Freude, Glück, Vertrauen und Ähnliches.

Bei einem Umzug bleibt mitunter auch schon mal die Seele buchstäblich *auf der Strecke*. Meistens sind es Kinderseelenanteile, die sich an einem Ort besonders wohlgefühlt haben und die mit dem Wegzug einfach dagebliebenen sind. Solchen Menschen fehlt dann häufig das Gefühl für echtes *Wohl-fühlen.* Selbst in ihren gemütlichen Wohnungen können sie nicht richtig zu Hause sein. Die Einrichtung ist zwar stimmig, aber irgendwie fehlt etwas und man kann es nicht einordnen/*ein-ort-nen.*

Ich fand Rituale früher immer albern und überbewertet, aber ich habe mich längst eines Besseren belehren lassen. Heute weiß ich, dass sie dazu dienen, etwas abzuschließen, um etwas Neues im Leben begrüßen zu können. Das Ritual verbindet Körper, Seele, Geist – gemeinsam können sie eine alte Situation beenden und kraftvoll den neuen Lebensabschnitt beginnen.

Ein kränkelnder Mann kam mit seinen Sorgen zu mir. Er müsste eigentlich glücklich sein, denn er hatte endlich einen guten Job in seinem Heimatort gefunden. Die lange Zeit auf Montage hatte der Familie nicht gutgetan, nun könnte alles perfekt sein. In meiner schamanischen Reise sah ich seinen Seelenanteil noch in der alten Arbeitsstelle und fragte sie, was sie dort noch machen würde. Dieser Anteil wusste jedoch gar nicht, dass ihr Mensch nicht mehr hier war und so nahm ich ihn mit zu meinem Klienten. Ich fragte Gott, wie so etwas passieren konnte und er antwortete mir mit einer ganz simplen Erklärung. Mein Klient hatte in seiner alten Firma keinen Ausstand gegeben und in der neuen Firma keinen Einstand. Körper-Seele-Geist hätten dieses Signal aber gebraucht.

Zu mir kommen viele Menschen aus unterschiedlichen Kulturkreisen. Manche dieser Menschen wissen aus ihrer Heimat noch von der Kraft der Schamanen[4] und es ist für sie eine Selbstverständlichkeit, einen solchen um Hilfe zu bitten.

Diese Menschen suchen ein neues, glückliches Leben in einem anderen Land und können es nicht finden. Das liegt häufig nicht nur an den Behörden und dem Umfeld, sondern ganz einfach daran, dass ihre Seele in der Heimat geblieben ist. Die Seele ist unsere Energie und der Glanz der Augen ist die Maßeinheit für ihre Stärke. Für mich ist das oft eine sehr traurige Arbeit, denn ich muss die Seele davon überzeugen, dass sie mit in das neue Land ziehen muss. Eine Seele hat aber kein Verständnis für materielle Gründe. Sie ist pure Emotion und ihr Wohlfühlpunkt ist die Heimat, bei der Familie. Nicht immer habe ich in solchen Fällen eine Chance auf Heilung meines Klienten, dann muss ich ihn mit seinen glanzlosen Augen wieder entlassen.

---

[4] Der Begriff *Schamane* kommt ursprünglich aus dem Tungusisch-Sibirischen. Der Bund der Naturvölker hat ihn zum Oberbegriff für die Mittler, die den Kontakt zu den *Mächten des transzendenten Jenseits* aufnehmen können, festgelegt.

Der Seelenverlust durch Organentnahme oder Amputation

Alle traumatischen Ereignisse müssen auf den drei Ebenen Körper, Seele und Geist bearbeitet werden, sonst kann keine Heilung erfolgen. Bei einem körperlichen Trauma durch einen Verlust von Organen oder Gliedmaßen ist die seelische Ebene besonders zu beachten, weil hier oftmals ein besonderer Phantomschmerz sein Unwesen treibt und somit nicht nur eine körperliche Behinderung das Leben beeinflusst.

Wenn ich durch den Körper meiner Klienten gehe, sehe ich oft schwarze Löcher, wo zum Beispiel vorher eine Gebärmutter war oder ein Stück Darm oder, oder ... An solchen Stellen ist aus energetischer Sicht der Lebensfluss unterbrochen und zeigt sich durch körperliche Disharmonien, die man nicht unbedingt damit in Verbindung bringen würde. Auf meinen Reisen gehe ich dann zur großen spirituellen Müllhalde der entnommenen menschlichen Zellen, suche den energetischen Körperteil meines Klienten und setze ihn wieder ein, damit sein Körpergefühl wieder stimmt.

Ich werde nie den Besuch bei einer älteren Dame vergessen. Man hatte ihre Füße amputiert und sie hatte furchtbare Phantomschmerzen. In der schamanischen Reise fand ich ihre Füße und nähte sie ihr wieder an. Ich bekomme immer einen Code, den nur der Klient und ich kennen, damit es keine

Verwechslungen gibt. An diesen Füßen waren ganz besondere Schuhe, die ich ihr nach der Trancereise beschrieb. Ihre Augen leuchteten unbeschreiblich schön. Sie fühlte ihre Füße wieder und sah an diesen ihre ersten Schuhe, die sie sich vom ersten selbst verdienten Geld geleistet hatte.

An dieser Stelle möchte ich von einem Seminar über Seelenrückholung berichten. Bei den Seminaren müssen meine Schüler selbst zur seelischen Müllkippe reisen und nach ihren körperlichen Teilen suchen. Dabei berührte mich und die Teilnehmer eines Seminares eine Geschichte besonders: Eine Teilnehmerin fand dort ihre abgeschnittenen Haare. Sei erzählte uns dann, dass sie als Kind immer große Angst vor dem Frisör hatte. In höchst zynischer Weise erklärte nämlich dieser Frisör den Kindern, dass er am liebsten Gulasch aus abgeschnittenen Kinderohren essen würde und sie sollten aufpassen, dass es nicht ihre werden würden. Inzwischen ist sie über fünfzig Jahre alt, sie schneidet sich die Haare selbst und ist nie mehr bei einem Frisör gewesen.

Der Seelenverlust durch eine Begegnung mit dem Tod

Menschen, die generell schlecht auf Ärzte und Therapeuten zu sprechen sind, gehören nicht zu meiner Klientel. Bei körperlichen Beschwerden begebe ich mich gern in die Hände von Ärzten, sie haben mir so manches Mal mit schwierigen Operationen mein Leben gerettet. In diesen Situationen hätte ich mich zu keinem Schamanen auf dieser Welt hingezogen gefühlt. Meinen vierzigsten Geburtstag verbrachte ich auf der Intensivstation, weil ich auf einen speziellen Herzschrittmacher warten musste. Er war damals ganz neu auf dem Markt und wurde noch nicht von der Krankenkasse bezahlt. Da war ich bei guten Ärzten, die dafür sorgten, dass mein Schrittmacher aus Forschungsgeldern bezahlt werden konnte. Inzwischen habe ich schon den dritten eingebaut bekommen und wenn ich morgens im Spiegel meine Narben sehe, danke ich dem lieben Gott für all die tollen Ärzte.

Ich habe aber auch das große Glück, therapeutische Freunde zu haben. Wenn meine Gedanken lebensbedrohliche Formen annahmen, waren sie sofort für mich da und haben in langen und manchmal mühseligen Gesprächen meine Psyche wieder in die richtige Balance gebracht und mich damit gerettet. Solche Freunde zu haben, ist wirklich eine große Kostbarkeit, für die ich immer wieder sehr dankbar bin.

Aber alle diese Maßnahmen wären nicht auf Dauer wirksam gewesen, wenn ich meine Seelenanteile nicht wieder zurückbekommen hätte.

Seelenverlust durch Todeserfahrungen ist meistens der Kern von jeglichen Disharmonien. Als Menschen machen wir hier auf Erden nur eine kurze Stippvisite. Das eigentliche Leben ist *drüben, auf der anderen Seite.* Wenn jemand nicht schon vorgeburtlich mit einer Riesenportion Lebenslust ausgestattet wurde, wird seine Seele immer wieder ein Schlupfloch zurück in die Seelenheimat suchen. Oftmals reicht für ein Tauziehen der Seelenanteile aus den verschiedenen Welten schon ein sehr hohes Fieber oder der Tod eines geliebten Haustieres. Man kommt nicht wirklich in ein kraftvolles Leben und jede Krankheit wird lebensbedrohlich und erzeugt neue Seelenverluste. So entwickelt sich eine Todesspirale, die meistens nur durch einen spirituellen Heiler gestoppt und gedreht werden kann. Dies ist mein ganz persönliches Spezialgebiet.

Bei meinen Vorträgen vor Ärzten und Therapeuten spreche ich immer auch das Thema Nahtoderfahrungen der Patienten an. Lebensrettung findet nicht nur auf der körperlichen und geistigen Ebene statt, sie muss auch gleichbedeutend auf der Seelenebene erfolgen. Die meisten Menschen wissen gar nicht, dass ihnen so etwas einmal passiert ist und quälen sich mit den verschiedensten Disharmonien durch ihr Leben, ohne richtig ins Leben zu kommen. Ich weiß genau, wovon ich berichte. Mein Leben war zeitweise von regelrechten Todessüchten bestimmt. Ich kann mich selbst in diesem Zusammenhang an früheste Kindheitserlebnisse erinnern. Ich führte so manches Mal ein Leben der Extreme und forderte den Tod geradezu heraus. Aber er nahm mich einfach nicht mit.

Meine Rettung waren die Schamanen. Die erste und wichtigste Reise machte ich mit meinem schamanischen Meister Wolfgang. Es ist heute immer noch ein Großereignis für mich, wenn ich mit jemandem zusammen reisen kann und wir die gleichen Bilder sehen und uns danach austauschen wie über einen gemeinsamen Kinobesuch.

Damit endlich diese Gewalt gegen mich aufhören würde, begab sich Wolfgang mit mir zusammen auf eine schamanische Reise. Nur er kannte das Ziel und ich wurde in eine sehr dunkle Zone katapultiert. Als ich klar sehen konnte, nahm ich regennasses Kopfsteinpflaster wahr und ein ganz schwaches Licht, dessen Ursprung zu einem sehr weit entfernten Horizont deutete, erhellte die Umrisse. Bei genauerem Hinsehen erkannte ich unendlich viele Köpfe. Es waren die

Selbstmörder, die das göttliche Geschenk eines Körpers und eines Geistes weggeschmissen hatten. Nun mussten ihre Seelen lange darauf warten, bis sie zum Licht gelangten, um wieder zur Erde zurückzukommen. Diese Reise hat mein Leben sehr verändert. So wollte ich nicht enden und ich machte mich auf die Suche nach der Ursache für dieses selbstzerstörerische Muster.

Die meisten Menschen kommen mit einer unerklärbaren Lebenslähmung, undefinierbaren Todesängsten oder Schlafproblemen zu mir. Dies deutet meistens auf eine Todeserfahrung in verschiedenen Varianten hin. Meine Trancereisen beginnen dann mit der Begegnung mit dem Tod.

Das Märchen *Der Gevatter Tod* von den Gebrüdern Grimm beschreibt meine Arbeit am besten:

Es hatte ein armer Mann zwölf Kinder und er mußte Tag und Nacht arbeiten, damit er ihnen nur Brot geben konnte. Als nun das dreizehnte zur Welt kam, wusste er sich in seiner Not nicht zu helfen, lief hinaus auf die große Landstraße und wollte den ersten, der ihm begegnete, zu Gevatter bitten. Der erste, der ihm begegnete, das war der liebe Gott. Der wußte schon, was er auf dem Herzen hatte, und sprach zu ihm: „Armer Mann, du dauerst mich, ich will dein Kind aus der Taufe heben, will für es sorgen und es glücklich machen auf Erden.“

Der Mann sprach: „Wer bist du?“

„Ich bin der liebe Gott."

„So begehr ich dich nicht zu Gevatter", sagte der Mann, „du gibst dem Reichen und lässest den Armen hungern." Also wendete er sich ab und ging weiter. Da trat der Teufel zu ihm und sprach: „Was suchst du? Willst du mich zum Paten deines Kindes nehmen, so will ich ihm Gold in Hülle und Fülle und alle Lust der Welt dazu geben." Der Mann fragte: „Wer bist du?"

„Ich bin der Teufel."

„So begehr' ich dich nicht zu Gevatter", sprach der Mann, „du betrügst und verführst die Menschen." Er ging weiter, da kam der dürrbeinige Tod auf ihn zugeschritten und sprach: „Nimm mich zu Gevatter."

Der Mann fragte: „Wer bist du?"

„Ich bin der Tod, der alle gleichmacht."

Da sprach der Mann: „Du bist der rechte, du holst den Reichen wie den Armen ohne Unterschied, du sollst mein Gevattersmann sein." Der Tod antwortete: „Ich will dein Kind reich und berühmt machen, denn wer mich zum Freunde hat, dem kann's nicht fehlen." Der Mann sprach: „Künftigen Sonntag ist die Taufe, da stelle dich zu rechter Zeit ein." Der Tod erschien, wie er versprochen hatte, und stand ganz ordentlich Gevatter.

Als der Knabe zu Jahren gekommen war, trat zu einer Zeit der Pate ein und hieß ihn mitgehen. Er führte ihn hinaus in den Wald, zeigte ihm ein Kraut, das da wuchs, und sprach: „Jetzt sollst du dein Patengeschenk empfangen. Ich mache dich zu einem berühmten Arzt. Wenn du zu einem Kranken gerufen wirst, so will ich dir jedesmal erscheinen. Steh ich zu Häupten des Kranken, so kannst du keck sprechen, du wolltest ihn wieder gesund machen, und gibst du ihm dann von jenem Kraut ein, so wird er genesen. Steh ich aber zu Füßen des Kranken, so ist er mein, und du musst sagen, alle Hilfe sei umsonst und kein Arzt in der Welt könne ihn retten. Aber hüte dich, daß du das Kraut nicht gegen meinen Willen gebrauchst, es könnte dir schlimm ergehen!"

Es dauerte nicht lange, so war der Jüngling der berühmteste Arzt auf der ganzen Welt. „Er braucht nur den Kranken anzusehen, so weiß er schon, wie es steht, ob er wieder gesund wird oder ob er sterben muss", so hieß es von ihm, und weit und breit kamen die Leute herbei, holten ihn zu den Kranken und gaben ihm so viel Gold, dass er bald ein reicher Mann war.

Nun trug es sich zu, dass der König erkrankte; der Arzt ward berufen und sollte sagen, ob Genesung möglich wäre. Wie er aber zu dem Bette trat, so stand der Tod zu den Füßen des Kranken, und da war für ihn kein Kraut mehr gewachsen. Wenn ich doch einmal den Tod überlisten könnte, dachte der Arzt, er wird's freilich übelnehmen, aber da ich sein Pate bin, so drückt er wohl ein Auge zu; ich will's wagen. Er fasste also den Kranken und legte ihn verkehrt, so daß der Tod zu Häupten desselben zu stehen kam. Dann gab er ihm von dem

Kraute ein, und der König erholte sich und ward wieder gesund.

Der Tod aber kam zu dem Arzte, machte ein böses und finsteres Gesicht, drohte mit dem Finger und sagte: „Du hast mich hinter das Licht geführt, diesmal will ich dir's nachsehen, weil du mein Pate bist, aber wagst du das noch einmal, so geht dir's an den Kragen, und ich nehme dich selbst mit fort."

Bald hernach verfiel die Tochter des Königs in eine schwere Krankheit. Sie war sein einziges Kind, er weinte Tag und Nacht, daß ihm die Augen erblindeten, und ließ bekanntmachen, wer sie vom Tode errette, der sollte ihr Gemahl werden und die Krone erben. Der Arzt, als er zu dem Bette der Kranken kam, erblickte den Tod zu ihren Füßen. Er hätte sich der Warnung seines Paten erinnern sollen, aber die große Schönheit der Königstochter und das Glück, ihr Gemahl zu werden, betörten ihn so, dass er alle Gedanken in den Wind schlug. Er sah nicht, daß der Tod ihm zornige Blicke zuwarf, die Hand in die Höhe hob und mit der dürren Faust drohte. Er hob die Kranke auf und legte ihr Haupt dahin, wo die Füße gelegen hatten. Dann gab er ihr das Kraut ein, und alsbald röteten sich ihre Wangen, und das Leben regte sich von neuem.

Der Tod, als er sich zum zweiten mal um sein Eigentum betrogen sah, ging mit langen Schritten auf den Arzt zu und sprach: „Es ist aus mit dir, und die Reihe kommt nun an dich", packte ihn mit seiner eiskalten Hand so hart, dass er nicht widerstehen konnte, und führte ihn in eine unterirdische Höhle. Da sah er, wie tausend und tausend Lichter in unübersehbaren Reihen brannten, einige groß, andere halbgroß, andere klein. Jeden Augenblick verloschen einige, und andere brannten wieder auf, also daß die Flämmchen in beständigem Wechsel hin und her zu hüpfen schienen. „Siehst du", sprach der Tod, „das sind die Lebenslichter der Menschen. Die großen gehören Kindern, die halbgroßen Eheleuten in ihren besten Jahren, die kleinen gehören Greisen. Doch auch Kinder und junge Leute haben oft nur ein kleines Lichtchen."

„Zeige mir mein Lebenslicht", sagte der Arzt und meinte, es wäre noch recht groß. Der Tod deutete auf ein kleines Endchen, das eben auszugehen drohte, und sagte: „Siehst du, da ist es."

„Ach, lieber Pate", sagte der erschrockene Arzt, „zündet mir ein neues an, tut mir's zuliebe, damit ich meines Lebens genießen kann, König werde und Gemahl der schönen Königstochter."

„Ich kann nicht", antwortete der Tod, „erst muss eins verlöschen, eh ein neues anbrennt."

„So setzt das alte auf ein neues, das gleich fortbrennt, wenn jenes zu Ende ist", bat der Arzt. Der Tod stellte sich, als ob er seinen Wunsch erfüllen wollte, langte ein frisches, großes Licht herbei; aber weil er sich rächen wollte, versah er's beim Umstecken absichtlich, und das Stückchen fiel um und

verlosch. Alsbald sank der Arzt zu Boden und war nun selbst in die Hand des Todes geraten.[5]

Die meisten Märchen haben die Schamanen geschrieben. Es sind ihre Reiseberichte von den Trancereisen zur geistigen Welt, um dort Mittel für die Heilung ihrer Klienten zu finden. Auch wenn es sich äußerst bizarr darstellt, aber für mich wurde das Lieblingsmärchen meiner Kindheit wahr. Wenn ich für meine Klienten auf eine Heimreise gehe, begegnet mit zuerst der Tod und zeigt mir, wo er im Leben meines Klienten eine Rolle gespielt hat und wo Seelenanteile in der Anderswelt zurückgeblieben sind. In meinen Trancereisen gibt er mir kein Kraut zur Heilung, sondern die fehlenden Seelenanteile meiner Klienten, die diesen zu ihrer Vervollständigung fehlen. Das ist immer sehr dramatisch, weil genau diese Teile ein lebensbejahendes Dasein verhindern. Man kann es sich auch wie bei dem Märchen *Dornröschen* vorstellen. Ein Teil eines Menschen fällt durch einen Schock in einen Tiefschlaf und steht nicht mehr zur Verfügung. Der Rest des Lebens geht irgendwie und unvollständig weiter. Es ist die Aufgabe der Schamanen, diesen Teil zu finden, aufzuwecken und ins Leben zu integrieren. Die Nebenwirkung ist sehr interessant. Ich habe es bei mir ja einige

---

[5] Die Kinder- und Hausmärchen der Gebrüder Grimm, Der Kinderbuchverlag Berlin, 1. Auflage 1962

Male selbst erlebt und als ich eine Erklärung dafür fand, amüsierte es mich: Wenn man sich vorstellt, dass sich ein Teil aus der Kindheit abkapselt, nicht mehr am Leben teilnimmt und dann wiedererweckt wird, ist die Freude riesengroß. Sogar kindliche Freude durchströmt einen und man macht wieder ganz lustige Sachen. Selten bleibt dieser Teil so, denn er will ja auch erwachsen werden und zur aktuellen Lebenssituation gehören. Also muss dieser Teil schnell erwachsen werden. Im Schnelldurchlauf hat man hintereinander Trotzphasen, große Lernphasen, pubertäres Verhalten und Sinnsuche. Das ist völlig logisch und kann sich bis zu einem Jahr hinziehen.

Die Seele bei Komapatienten

Bei Komapatienten ist die Seele in einer Zwischenwelt hängengeblieben. Sie ist nicht tot und nicht lebendig. Meistens kann sie sich nicht entscheiden, wo sie hin will. Eins ist ganz sicher, ein Komapatient bekommt alles mit, was um ihn herum passiert. Ich werde immer mal wieder dazu gerufen, um zwischen den Angehörigen und dem Patienten als Dolmetscher für die Seele zu vermitteln.

So habe ich einmal für einen jungen Mann gearbeitet. Er war bei einer Operation ins Koma gefallen und konnte einfach nicht mehr aufwachen. Ich begab mich auf die Trancereise, um nach seiner Seele zu suchen. Wenn wir sterben, kommt der Fährmann in Form des Gerippes mit dem schwarzen Mantel und fährt uns mit seinem Boot auf die andere Seite. So erging es auch diesem Mann. Er war zwar eingestiegen, hatte es sich dann aber wohl anders überlegt oder wurde wiederbelebt und hatte keine Chance mehr, die Fahrt zu beenden. Ich fand seine Seele unter abgetriebenen Ästen am Flussufer. Sie konnte sich selbst nicht befreien, hatte furchtbare Angst und konnte sich noch immer nicht entscheiden, ob sie leben oder gehen wollte. Ich befreite sie zunächst von dem Unrat, damit sie wieder frei war und sich selbst entscheiden konnte. Die Angehörigen waren während dieser Aktion am Bett des jungen Mannes und sahen seine heftigen körperlichen Reaktionen. Ein paar Tage später erwachte er aus dem Koma. Nach zahlreichen Rehabilitationsmaßnahmen lebt er heute ein ganz normales Leben.

Ich kann mich mit den Seelen immer auch direkt unterhalten und brauche dafür keine Trancereise.

Als ich noch als Einrichtungsberaterin gearbeitet habe, kam ich einmal zu einem Kunden, dessen Frau schon sehr lange im Wachkoma lag. Die Liebe der beiden zueinander hat mich tief beeindruckt. Als ich den Raum zum Ausmessen betrat, wurde die Frau ganz aufgeregt. Ich weiß, dass Seelen mich erkennen. Sie sagte mir, dass ich ihrem Mann sagen soll, dass sie geschminkt werden möchte, wenn sie mit ihm unterwegs ist. Sie möchte so gern schön für ihn sein. Ich war sehr erschrocken darüber und habe mich natürlich nicht getraut, ihm diese Botschaft zu übermitteln. Ich denke oft an diese Frau und habe ein schlechtes Gewissen, dass ich ihr diesen Wunsch nicht erfüllt habe.

Wenn jedoch der Hirnschaden zu groß ist, bedeutet das in meinen Bildern, dass der *Taxifahrer* der Seele ausgestiegen ist und diese als *Fahrgast* in dem verschlossenen Auto zurückbleibt und nirgendwo ankommt. Mit meiner Reise zur Seele gebe ich ihr die Möglichkeit der Entscheidung. Sie kann ohne *Taxifahrer* noch lange in dem Auto steckenbleiben oder sie kann auf die andere Seite gehen und sich in der Seelenheimat wieder schmerzfrei auf ein neues Leben freuen.

Der Seelenverlust bei Operationen

Viele Nahtoderlebnisse sind bei einer Operation entstanden und nur wenige meiner Klienten wissen darüber Bescheid. Ich appelliere an alle Ärzte, dieses ihren Klienten mitzuteilen, damit sie bei später auftretenden Störungen den eventuellen Ursprung behandeln können. Meine eigene unstillbare Todessehnsucht war zum Teil durch diese Herzoperation begründet. Bei diesem Nahtoderlebnis ist ein Teil meiner Seele auf der anderen Seite geblieben, denn dort war es weich, liebevoll und hell. Es ist unsere Seelenheimat und man möchte nicht mehr von dort weg. Durch die schamanische Arbeit mit dem Tod konnte ich mir meine

Seelenanteile zurückholen und integrieren. Mit jeder Reise zum Tod ging es mir besser und ich bekam immer mehr mein Leben zurück.

Zu meinen Lieblingsarbeiten gehört die *Operationsbegleitung*. Nicht immer ist die Verwirrung der Patienten durch Nachwirkungen der Narkose entstanden. Gerade bei großen Operationen, die eine zeitweise Benutzung der Herz-Lungenmaschine erfordern, hat der Patient immer eine Nahtoderfahrung. Die meisten Seelen wollen zurück ins Leben und ihren Plan vollenden. Zu mir kommen die Menschen, die nicht wirklich ins Leben zurückkommen konnten.

So erging es auch einmal einem Klienten von mir. Meine Seele begleitete seine Seele bei einer mehrstündigen Bypassoperation. Als er an die Maschine angeschlossen wurde, wurde seine Seele in die Anderswelt katapultiert und wusste gar nicht, wie ihr geschah. Schließlich war ihre Zeit dafür ja noch nicht gekommen und ihr Lebensplan noch nicht erfüllt. Was sollte sie nun hier? Meistens zeigt einem die geistige Welt den Weg zurück, wie ich es ja auch erlebt habe. Bei diesem Klienten war meine Seele bei ihm. Ich machte mit seiner Seele eine kleine Führung durch die Anderswelt. Schließlich kenne ich mich dort sehr gut aus und wann hat man schon mal diese Möglichkeit? Außerdem hatten wir ja auch genug Zeit dafür, die Operation dauerte sehr lange. Ich bat die Seele, sich zu entscheiden, ob sie hier bleiben oder wieder mit mir zurückgehen wolle. Sie kam freudig wieder mit mir zurück. Die ersten Worte meines Klienten nach dem Aufwachen waren: „Der Schamane hat für mich getrommelt." Dieser Klient war mein Vater. Wenn ich mit meinen Eltern zusammen bin, bin ich einfach nur ihr Kind, meine Arbeit ist dort völlig tabu. Dieser Satz aber war für meinen Vater der Beweis, dass es wirklich funktionierte. Er wusste ja nicht, dass ich für ihn arbeitete und das Trommeln war ihm fremd. Er sah auch nicht seine Tochter, sondern die Seele der Schamanin. Das war für uns beide ein ganz spezielles Erlebnis. Er hat sich trotz dieser schweren Operation schnell wieder erholt.

Der Seelenverlust bei der Geburt

Immer wieder dramatisch ist der Seelenverlust bei der Geburt. Oft sehe ich den Tod im Kreißsaal, wenn ich mir das Leben meiner Klienten zurückspule. Ein großer Teil der Seele bleibt einfach in der Zwischenwelt und man wird schon unvollständig geboren. Damit wird ein kraftvolles selbstbestimmtes Leben schwierig. Dennoch ist es machbar und manchmal kommt die Seele auch nach einer gewissen Zeit von selbst hinterher. Aber zu mir kommen die Menschen, weil sie sich Schwächen, gleich welcher Art, nicht erklären können. Dazu gehört auch das Gefühl, *nur ein halber Mensch* zu sein. Bei meinen Recherchen zu meinen schweren Depressionen ging ich auch bis zu meiner Geburt zurück. Sie dauerte drei Tage, bis man mich letztlich zu drei viertel tot mit einer Zange aus meiner halb toten Mutter ins Leben gezerrt hat. Es ist absolut nicht nachvollziehbar, warum man diesen Todeskampf nicht viel eher mit einem Kaiserschnitt beendet hat. Wir beide haben noch viele Jahre später an den Konsequenzen gelitten. Im Trancezustand durchlebte ich meine Geburt noch einmal und holte mir meine Seelenanteile vom Tod zurück. Damit endeten dann auch meine Qualen der schweren Depressionen.

Der Seelenverlust bei der Zeugung und in der Schwangerschaft

Bei der Zeugung und in der Schwangerschaft wird nicht nur der Samen für einen neuen Menschen gelegt und gepflegt, hier wird auch die Abmachung getroffen, wie sich die Seele mit ihrem Menschen arrangieren wird. Selbst in der Sterbebegleitung sehe ich noch die Unstimmigkeiten, die das Leben meiner Klienten von Anbeginn mit einer roten Karte versehen haben. Dabei ist eine *missglückte Abtreibung* bei vielen Klienten die Hauptursache für ihre Lebensschwäche. Dieses *Nichtgewolltsein* wird zur festen, wenngleich unbewussten Lebensprogrammierung. Wenn so etwas in diesem frühen Stadium eines Menschenlebens passiert, ist ein späteres *Umdenken* schwer bis unmöglich, da es in der emotionalen Datenbank fest gespeichert wird.

Dies zeigte sich auch bei einer schamanischen Reise mit einer jungen Frau. Sie wurde von schlimmsten Panikattacken und Todesängsten gequält. Bei meiner Reise zum Lebensfilmarchiv sah ich, wie ihre Mutter versucht hatte, sie abzutreiben. Ein Teil ihrer Seele hatte sich sofort wieder in Sicherheit gebracht und ist in der Anderswelt geblieben. Sie kam also schon gar nicht vollständig auf die Welt und konnte damit auch nicht emotional lebensbejahend existieren.

Ich spreche nach meinen Reisen meine Erkenntnisse selten ganz klar aus. Meistens bekomme ich verschlüsselte Bilder und beschreibe sie meinen Klienten. Wenn sie damit etwas anfangen können, kann man die Dinge auch besprechen. Manchmal frage ich auch ganz direkt, aber wenn keine Reaktionen des Widerspiegelns kommen, lasse ich es so, wie es ist. Die Seele gibt die Informationen erst preis, wenn der Geist dazu bereit ist.

Ich fragte hier also meine Klientin, ob sie sich sie sich vorstellen könne, dass sie nicht gewollt war. Sie war ganz entrüstet, weil das völlig ausgeschlossen sei. So wie ich sie erlebte, hätte ich es mir auch nicht vorstellen können, aber die geistige Welt schickte mir einen anderen Film und ich kontrolliere in meinen Reisen diese Fakten immer wieder, bis ich Klarheit habe und es dann auch aussprechen darf. Ich war mir also sicher. Sie hingegen versicherte mir, dass sie die beste und liebevollste Mutter der Welt hätte. Ihre Kindheit war völlig unbeschwert gewesen und sie wuchs eingebettet in eine große Herzlichkeit seitens beider Elternteile auf. Ich konnte nichts mehr machen. Ein paar Tage später kam ihre Mutter zu mir und ich dachte schon, dass mein letztes Stündlein geschlagen hätte. Aber sie bestätigte mir meine Bilder. Als sie schwanger wurde, war sie noch sehr jung und nicht verheiratet. Aus Angst vor den Eltern hatte sie in ihrem damaligen Schock versucht, mit alten Hausmittelchen das Kind wieder loszuwerden. Es war nur ein ganz kurzer Moment, wo auch die Mutter „außer sich" war, aber dieser hat gereicht. Sie bereute es sofort und war bis zur Geburt der Tochter in panischer Angst, dass dieser etwas hätte passiert sein können. Ich habe dann noch mit der Mutter gearbeitet, damit sie ihre Tochter aus dem Überbeschütztsein entlassen konnte. Ich denke bis heute noch oft an die beiden, sie waren wirklich sehr herzlich miteinander.

Bei einem jungen Mann sah ich einmal in meiner Trancereise, wie er auf Luftkissen lief. Um ihn herum war auch alles ohne Festigkeit. Er fand nirgendwo Halt und Vertrauen; er kam buchstäblich nicht vorwärts. Bei meiner Ursachenforschung sah ich bei seiner Zeugung zwei Männer; jeder der beiden wollte sich mit der Mutter meines Klienten fortpflanzen. Und die Mutter versuchte, das Kind wieder loszuwerden. Ich gab der Seele ihren Anteil für Sicherheit zurück. Nach der Reise fragte ich meinen Klienten, ob sein Vater auch sein richtiger Vater ist. Er meinte ganz klar: Ja. Er hatte offenbar einen guten Vater und auch eine gute Kindheit. Ich ließ es so im Raum stehen. Er bestätigte mir noch, dass die anderen Bilder stimmten und er wirklich keinen festen Boden unter den Füßen hätte und von Ängsten bestimmt würde. Auch hatte er bis zu diesem Zeitpunkt immer wieder seine Lebensentwürfe gecancelt.

Nach ein paar Tagen bat mich dieser Mann erneut um einen Gesprächstermin. Er sei noch einmal in sich gegangen und es wäre ihm aufgefallen, dass eigentlich immer eine unsichtbare Mauer zwischen ihm und seinem Vater gewesen sei. Sie funktionierten zwar gut miteinander, befanden sich aber nicht in emotionaler Resonanz. Damit war ihm dieses wichtige Urvertrauen nicht in die Wiege gelegt worden. Nach dem Besuch bei mir sprach er seine Mutter auf einen anderen Mann hin an und sie berichtete ihm von dem kleinen Seitensprung. Immer hatte sie Angst gehabt, dass es rauskommen könnte und stets hatte sie beobachtet, wem ihr Sohn nun tatsächlich ähnelte. Inzwischen waren die Eltern geschieden und für ihn war es gar nicht wichtig, wer sein eigentlicher Erzeuger war. Aber endlich war er in seinem Gefühl bestätigt, dass mit ihm und seinem Vater etwas nicht stimmte. Die Mutter war auch froh, dass sie ihre große Geheimnislast endlich los war. Allen war geholfen.

Auf meiner Webseite stand lange Zeit der Spruch:

„Ich kenne Ihre geheimsten Geheimnisse, die so geheim sind, dass Sie diese selbst nicht wissen.“

Bei meinen Klienten erlebe ich immer wieder, dass ein *Nichteinschlafenkönnen* mit einer früheren Todeserfahrung verbunden ist. Wenn wir einschlafen, verlieren wir die Kontrolle über unseren Geist (das Denken) und die Seele kann endlich ungestört ihre Arbeit verrichten. Schamanisch reisen heißt nichts anderes als *bewusstes Träumen*. Die Seele geht im Schlaf in die Anderswelt. Menschen mit früheren Todeserfahrungen haben ganz oft die unbewusste Angst, dass ihre Seele von ihrem nächtlichen Ausflug nicht mehr zurückkommt und sie dann sterben müssen. Damit können sie nicht einschlafen, weil sie dann die Kontrolle über ihr Leben verlieren.

Ich weiß noch genau, wie viel Angst ich als Kind vor dem Schlafengehen hatte, weil meine Seele dann wieder wegflog. In meiner kindlichen Verzweiflung schnallte ich mich mit den Gurten meines Wandklappbettes fest.

Eine Mutter kam mit ihrem kleinen Sohn zu mir. Er war übernervös und fand auch nachts keine Ruhe. Ich machte mich auf die schamanische Reise zur Ursache und sah, dass dieser kleine Junge furchtbare Todesangst hatte. Diese musste irgendwo entstanden sein und so spulte ich sein kurzes Leben zurück. Ich sah den Tod bei ihm, als er noch im Mutterleib war. Sein Körper kämpfte in der Gebärmutter gegen das Ertrinken. Der Tod gab mir den verlorenen Seelenanteil des Kindes zurück.

Die Mutter erzählte mir im Anschluss, dass sie in der Schwangerschaft ins Wasser gefallen war, sie konnte sich nicht allein aus dieser Situation befreien. Erst sehr spät kam Hilfe und rettete sie buchstäblich in letzter Minute vor dem Ertrinken. Ihr Todeskampf war damit auf der emotionalen Datenbank des Sohnes gespeichert und konnte durch die schamanische Arbeit wieder gelöscht werden.

Der Seelenverlust durch den Tod eines Angehörigen

Als mein Mann starb, war mein Leben voll mit existenziellen Problemen, die gelöst werden mussten, da war kein Platz für Trauerarbeit. Das hat sich ein Jahr später mit einem schlimmen Rückfall meiner Herzkrankheit gerächt, was dann ja auch meine Urknalloperation zur Folge hatte. Trauer muss sein und das kann auch eine Weile dauern! Ich kann diese Trauerarbeit für andere nicht leisten, dafür gibt es andere Spezialisten. Ich sehe aber den Seelenverlust, insbesondere dann, wenn jemand mit seinem Lieblingsmenschen im wahrsten Sinne des Wortes *verschmolzen* war. Die Seele des Verbleibenden ist einfach mitgegangen. Der Angehörige fühlt sich dann leer, nicht tot und nicht lebendig und möchte am liebsten auch nicht mehr leben. Er kann es ja auch nicht, weil seine Seele schon drüben in der Anderswelt ist und nur die Silberschnur (die Hauptleitung zwischen Seele, Körper, Geist) noch nicht vom Sensenmann gekappt wurde. Meine Aufgabe ist es, die Seele wieder zurückzuholen. Das ist oft sehr schwierig, weil die Seele in dieser liebevollen, sanften Anderswelt bleiben möchte. Ich mache mich dann auf die Suche nach lebensbejahenden Argumenten. Meistens lässt Gott die Seelen im Lebensbuch lesen und zeigt ihnen damit, was ihren Menschen noch alles im Leben erwartet.

Manchmal kommt der Tod auch so schnell, dass sich die Menschen nicht voneinander verabschieden können. Häufig versucht die verbleibende Seele dann, hinterherzugehen und die Seele des vermissten Menschen zu finden. Mit der schamanischen Reise haben sie die Möglichkeit, auf der Seelenebene in der Anderswelt noch ein Verabschiedungsritual zu vollziehen. Und der Verstorbene kann die Gelegenheit nutzen und noch eine Nachricht hinterlassen.

Auch der Tod eines geliebten Haustieres kann sehr schmerzhaft und mit einem Seelenverlust verbunden sein.

So kam eine Frau mittleren Alters mit einer Vielzahl an Beschwerden zu mir. „Psychosomatisch" war das Urteil der Ärzte. Als ich mit meiner schamanischen Reise anfing, stand da gleich der Tod und übergab mir einen Seelenanteil und zeigte mir das Bild einer Vierjährigen mit einer toten Katze.

Meine Klientin wollte beim Gespräch nichts davon wissen. Schließlich mochte sie überhaupt keine Katzen und hatte immer nur Hunde. Ich musste es so stehen lassen, denn ich weiß ja, dass mit dem Seelenverlust auch die Erinnerung an diese Szene verloren geht. Ein paar Tage später rief sie mich aufgeregt an und berichtete mir von den neuesten Ereignissen. Obwohl ihr Haus von großen Hunden bewacht wird, hatte doch eine kleine Katze unbemerkt den Sprung auf das Fensterbrett ihres Küchenfensters geschafft. Und da fiel ihr alles wieder ein: Dass sie, als sie klein war, mit ansehen musste, wie ihre liebste Katze von einem Auto überfahren wurde. Sie hatte damals die tote, zerfetzte Katze auf ihren Schlitten geladen und war damit nach Hause gefahren. Dort angekommen verprügelte sie ihr Vater, weil sie zu spät gewesen war. In dem Moment hatten sich die Seelenanteile abspalten und in Sicherheit bringen können. Nun waren sie wieder da und die Katze auf dem Fensterbrett half meiner Klientin, ihren Frieden zu finden.

Das Ende

Es ist immer ein gutes Gefühl für das Ego, wenn man Menschen helfen kann. Allerdings darf man in meinem Beruf kein Ego haben, weil man sonst in den göttlichen Plan eingreift und damit die Hierarchie aushebelt. Das eigene Ego zu befriedigen, ist dann Teufelswerk. Wie schmal der Grat zwischen dem Helfen-Wollen und der Einsicht in den höheren Plan ist, musste ich sehr schmerzhaft lernen. Die Parallelen zu dem vorn angesprochenen Märchen der Gebrüder Grimm werden auch hier deutlich und ich hätte es eigentlich besser wissen müssen. Schamane hin – Schamane her, ich bin und bleibe doch Mensch. Und wenn der Tod ein Kind haben will und ich sehe das, ist es auch für mich kaum auszuhalten.

Eine Mutter kam mit ihrem siebenjährigen Erstklässler aus einem eigentlich simplen Grund zu mir. Ihr Sohn wollte nichts lernen, weil er meinte, er brauche das nicht. Das meinen natürlich viele Kinder. Aber er war ungewöhnlich kraftvoll in seiner Meinung, dass es doch einer Hilfe bedurfte. Als ich auf die Trancereise ging, sah ich den Tod an seiner Seite. Die Seele des kleinen Jungen und der Tod waren sich völlig einig und es gab daran eigentlich nichts zu korrigieren. Ich hatte inzwischen gelernt, dass der Seelenplan des Menschen nicht immer auf hundert Jahre ausgerichtet ist, sondern manchmal nur auf wenige Stunden, und doch konnte ich den Jungen in diesem Fall nicht einfach mit dem Tod ziehen lassen. (Er wäre in absehbarer Zeit bei einem Unfall ums Leben gekommen.) Vor mir saß die Mutter des Kindes, die nach meiner Reise eine Antwort haben wollte, wie sollte ich ihr das erklären? Also handelte ich mit dem Tod und forderte die Seele zurück. Er gab sie mir unwillig zurück und ich beendete meine Reise.

Es bedarf keiner Phantasie, sich vorzustellen, wie glücklich ich darüber war, den Tod besiegt zu haben und ein

Kind gerettet zu haben. Was konnte mir noch passieren? So sollte es weitergehen. Nichts konnte mich nun aufhalten. Aber ich hatte die Rechnung ohne den Tod gemacht. Nur wenige Tage später stand er abends vor meinem Bett und zog mich in seine Arme. Er umarmte mich so fest, dass ich seine grauen, porösen Wangenknochen spürte. Ich sah in seinen dunklen Augenhöhlen diese unendliche Kraft. Er warnte mich davor, noch einmal sein Gesetz zu brechen, sonst würde er meine Seele holen. Ich habe wirklich keine Angst vor dem Tod oder zu sterben, aber so böse geschnappt zu werden, hat tiefe Spuren in mir hinterlassen. Er ließ mich los und ging. Lange noch lag ich zitternd im Bett und wusste nicht, wie mir geschah. Irgendwann muss ich dann aber doch in einen ganz tiefen Schlaf gefallen sein und konnte es beim Aufwachen gar nicht fassen, dass ich noch lebte. Ich versuchte zunächst, das Geschehene als bösen Traum abzuhaken, aber ich hatte schlimme Schmerzen am ganzen Körper. Im Spiegel sah ich die blauen Flecke, die meinen Körper wie Fingerabdrücke übersäten. Da wusste ich, dass es kein Traum gewesen war und sich die verschiedenen Welten offenbar überschneiden können. So wie sich die Seele aus der materiellen Welt entfernen kann und nicht mehr zur Verfügung steht, kann sich auch die spirituelle Welt materialisieren und hier agieren.

Das Ereignis ist fast zehn Jahre her und es gibt nur wenige Tage, an denen ich nicht daran denke. Inzwischen haben der Tod und ich uns auf eine ausgewogene Verhandlungsbasis verständigt. Ich zeige ihm, dass ich seine Entscheidungen absolut respektiere und er gibt mir die Möglichkeit, für den Sterbenden noch etwas zu tun.

Immer wieder werde ich gefragt, ob ich in bestimmten Situationen helfen kann. Das Helfen ist dabei nicht das Problem, sondern die Erwartungshaltung, *wie* diese Hilfe zu sein hat. Es ist viel schlimmer, geboren zu werden, als zu sterben. Wir kommen aus dem Paradies und sind weich, leicht und unbekümmert und werden dann in einen kleinen Körper gequetscht und können uns nicht mehr artikulieren. Ich sehe dann immer den Flaschengeist aus dem Märchen, der zurück in seine Flasche muss, mit seinen kleinen Fäusten an die Flasche hämmert und mit kaum hörbarer Stimme ruft. Der kleine Körper hat dabei oft viele Schmerzen zu ertragen, weil die Seele sich ausbreiten möchte und nicht genug Platz darin finden kann. Ich habe selbst immer mal wieder mit diesen reißenden Ganzkörperschmerzen zu kämpfen, wenn ich zu viele Außerkörperreisen gemacht habe. Es dauert dann ein paar Tage, bis sich die große Seele wieder in dem begrenzten Körper zurechtgefunden hat.

Selten können Angehörige mit dem nahenden Tod eines geliebten Menschen umgehen. Wie groß dann der Erwartungsdruck für mich ist, zeigt dieses Beispiel.

Ein junger Mann kam mit einem riesigen Leidensdruck zu mir. Seine Frau hatte hochgradig Krebs und war von den Ärzten zum Sterben nach Hause geschickt worden. Er liebte seine Frau über alles und auch die kleine Tochter konnte nicht ohne ihre Mutter sein. Nun setzte er seine ganze Hoffnung auf mich, doch ich konnte ihm nicht helfen. Ich fühlte mich der sterbenden Frau verpflichtet und nicht dem weltlichen Wunsch des Mannes. Der Tod hatte sich ihrer Seele schon angenommen, aber sie konnte noch nicht mit ihm gehen. Obwohl sie es so gern wollte, hielten ihre Angehörigen noch zu sehr an ihr fest und versuchten, der Seele in ihrem Seelenhaus Unterschlupf zu gewähren. Eine ganz furchtbare Situation. Ich versuchte, mit dem Tod zu handeln, ohne ihm dabei ins Handwerk zu pfuschen. Er zeigte sich sehr weise und gab der sterbenden Seele eine Verlängerung für den Mietvertrag ihres Seelenhauses. Das war erst einmal ein großer Erfolg. Dann sah sich die Seele in ihrem Seelenhaus um, es war durch den Krebs völlig zerstört. Der Tod schloss mit der Frau einen Deal: Wenn sie bereit sei, dieses Haus in mühsamer, langwieriger und sicherlich auch schmerzhafter Arbeit zu sanieren (dies würde große medizinische Eingriffe bedeuten), könnte die Seele darin bleiben. Er gab der Frau drei Wochen Bedenkzeit. Wahrscheinlich wusste sie, was eine Rekonstruktion bedeutet. Sie schlief drei Wochen später friedlich ein.

Die Familie tat mir unendlich leid und ich persönlich hätte auch lieber ein anderes Ergebnis erreicht. Aber die Chance, die ihr der Tod gab, hat mich sehr bewegt. Mit diesem Bild hoffe ich, all den anderen Angehörigen von Sterbenden eine andere Sichtweise vermitteln zu können und dann auch zum richtigen Zeitpunkt loslassen zu können. Jemanden gehen zu lassen, ist der größte Liebesbeweis.

In der Mehrzahl kommen Angehörige zu mir und bitten mich, den Sterbenden von seinen Leiden zu erlösen. So schlimm das auch aussehen mag, aber dies ist eine wunderbare Aufgabe. Ich durfte diese erlösende Geste auch im Sterbeprozess meines Mannes erleben. Er konnte die letzten Tage nicht mehr sprechen und quälte sich in seinen kurzen wachen Momenten furchtbar. Wir hatten das ganz große Glück, für seine letzten Tage in einem kirchlichen Krankenhaus untergebracht zu werden. Und das, obwohl wir beide zu DDR-Zeiten überhaupt nichts mit der Kirche zu tun hatten. Ich bin für diesen *Zufall* immer noch unendlich dankbar. In meiner Not holte ich den Pfarrer und bat ihn um Hilfe. Er setzte sich zu meinem Mann ans Bett und sprach mit ihm. Ich habe nicht viel davon aufgenommen, aber ein Satz hat sich mir eingebrannt: „Was sie jetzt ihrer Frau nicht sagen können, wird sie später noch erfahren." Mein Mann schlief ganz kurz danach ein.

Zwei Jahre später erfüllte sich diese Prophezeiung, und zwar bei meinem ersten Besuch bei einer Schamanin. Im Trancezustand ging die verstorbene Seele meines Mannes in den Körper der Schamanin und nutzte dies, um mit mir alles zu bereinigen, was noch zwischen uns stand. Es war zum Teil gruselig, das mit anzusehen: Sie hatte seine Schmerzen und pantomimisch versuchte sie/er, sich immerzu die Kanüle aus dem Arm zu reißen. Ich habe dabei seinen Sterbekampf noch einmal aus seiner Sicht miterleben müssen. So furchtbar dieses Erlebnis auch war, es brachte mir die erhoffte Klarheit und endlich auch Frieden mit der ganzen Situation. Als die Schamanin mir dann auch noch versicherte, dass ich irgendwann einmal auch so arbeiten würde wie sie, wollte ich nur noch schreiend wegrennen.

Sie hat recht behalten. Wenngleich ich meine ganz eigene Arbeitsweise entwickelt habe. Ich sehe mich immer nur als Dolmetscher zwischen den Angehörigen und den Seelen, häufig auch als Übersetzer zwischen der Seele und ihrem eigenen Geist (dem Denken).

Ich selbst bin immer wieder überrascht, was es manchmal zu übermitteln gilt:

Zu mir kam ein völlig aufgelöster Sohn, der seine Mutter vor einiger Zeit mit einem Schlaganfall ins Krankenhaus gebracht hatte. Die Angehörigen standen an ihrem Bett und konnten mit eigenen Augen sehen, wie das Gerippe mit dem schwar-

zen Mantel parallel über der Mutter schwebte. Allen war klar, dass er sie jetzt holen würde. Es war ein Riesenschreck, dennoch versuchten sie, es so gut wie möglich anzunehmen. Aber der Tod zog wieder ab und die Mutter blieb bewusstlos liegen. Es ist doch immer wieder sehr trügerisch, wie wir als Außenstehende eine „Bewusst-losigkeit" sehen. Im Inneren ist immer noch die vollständige Seele, als eigenständige Person. Ich verband mich mit der Seele der Mutter und fragte sie, warum sie nicht mit dem Tod mitgegangen sei. Sie lächelte mich an und sagte: „Warum soll ich mitgehen? Ich bin noch nie so verwöhnt worden. Jetzt kann ich meine Babyzeit nachholen, die mir damals der Krieg und die Flucht genommen haben. Ich genieße jeden Augenblick." Mit dieser Antwort hatte natürlich niemand gerechnet. Sie hat danach noch zwei Jahre gelebt und für die Angehörigen war das mit Sicherheit furchtbar schwer. Aber wenn sie ihre Mutter gewindelt und gefüttert haben, hatten sie dennoch eine versöhnliche Einstellung dazu.

So habe ich auch einmal mit einer Patientin gesprochen, die mit ihrer Demenzerkrankung schon seit Langem im Heim lebte und völlig auf die Hilfe von anderen Menschen angewiesen war. Auch ihre Seele bestätigte mir, dass sie jeden Tag genießen würde. Ihr ganzes Leben hatte sie nur dafür gelebt, dass es den anderen gut ging, sich selbst hatte sie dabei vergessen. Nun bekäme sie alles zurück und wenn die Lebenswaage irgendwann den Ausgleich anzeigen würde, würde sie ganz sanft mit dem Tod mitgehen. Das tat sie dann auch mit fast einhundert Jahren im Schlaf.

Nach dem Tod meines Mannes habe ich mich umgehend an eine Sterbehilfeorganisation gewandt. Ich wollte nicht so krepieren wie er und wollte dafür sorgen, dass mein Leben, wenn es soweit sei, würdevoll mit einer kleinen Pille zu Ende ginge. Meine Gespräche mit den Seelen in der Sterbebegleitung haben mir eine ganz andere Sichtweise gegeben. Natürlich habe ich eine Patientenverfügung und möchte auch gehen, wenn die Zeit dafür gekommen ist, und möchte nicht von falsch verstandenem hippokratischen Eid zum Leben gezwungen werden. Das Sterben ist ein umgekehrter Geburtsprozess und kann auch mal wie eine Sturzgeburt sein. Ich bin schon einmal durch einen Sterbeprozess gegangen und hatte stundenlang die schlimmsten Wehen am ganzen Körper, bis meine Seele den Körper verließ. Sie kam nach kurzer Zeit wieder heftig zurück und ich konnte weiterleben. Das sind die Lernaufgaben, wenn man den Tod als seinen Meister hat. Er trennt letztendlich die Silberschnur zwischen Körper und Seele und lässt sie damit frei. Wenn man das Sterben aber mit allen Mitteln zu verhindern sucht, so ist es, als wenn man der Mutter bei der Geburt des Kindes den Muttermund zunähen würde und mit Medikamenten versuchen würde, die Wehen auszusetzen. Mutter und Kind würden sterben und das Kind käme erst nach dem Zersetzungsprozess der körperlichen Hülle der Mutter ans Tageslicht. Wer würde so etwas wollen?

Ich habe unzählige Sterbebegleitungen gemacht und bin auf die unterschiedlichsten Gründe für das *Leben-wollen* und *Nicht-sterben-Können* gestoßen. Diese Arbeit hat meine Lebensphilosophie geprägt. Der Satz: „Manchmal denkt man, man glaubt es kaum …" begleitet mich immer wieder. Auch dass der Tod manchmal machtlos ist, weil Gott uns den freien Willen gegeben hat, konnte ich immer wieder erleben. So mancher Klient, der sich schon lange in einem furchtbaren Sterbeprozess befand, hat irgendwann einmal den Tod weggeschickt, weil er unbedingt noch leben wollte. Der Tod muss diesen menschlichen Willen akzeptieren, aber man kann es ihm dann auch nicht verübeln, wenn er ausgerechnet dann nicht kommt, wenn die Körperhülle völlig funktionsuntüchtig ist. Ich muss dann immer zwischen ihm und dem *Nicht-sterben-Könnenden* vermitteln. Meistens muss ich dem Tod ein Angebot machen und ihn versöhnlich stimmen. Es ist eine der unangenehmsten und furchtbarsten Aufgaben in meinem Arbeitsgebiet.

Eine Sterbebegleitung kann mitunter auch unheimlich bizarr sein:

Eine Tochter bat mich im Namen ihrer Mutter um Hilfe. Diese hatte grausame, nicht aushaltbare Schmerzen, doch die

Ärzte hatten ihr gerade mitgeteilt, dass sich der Sterbeprozess noch lange hinziehen könne. Ich mache Sterbebegleitung nur aus der Ferne, weil es manchmal auch sehr schnell gehen kann und ich nicht in den Verdacht geraten möchte, auf materieller Ebene nachgeholfen zu haben. Ich vertrete lediglich als Anwalt die Seele beim Tod. So begann ich zu Hause meine Trommelreise. Meine Seele verließ den Körper und ging zur kranken Mutter ins Krankenhaus. Der Tod stand an ihrem Bett und ich fragte ihn ganz entrüstet: „Warum holst du sie nicht?" Seine Antwort verblüffte mich völlig: „Ich kann sie nicht mitnehmen, sie ist so vergiftet." Nun sollte ich handeln, wusste jedoch nicht wie. Ich ging durch ihren Körper und sah die vergiftete Leber. Bei den Naturvölkern würde der Schamane die Leber spirituell entfernen und eingraben. Die Erde ist aber schon so vergiftet und überlastet, sodass die modernen Schamanen alles umwandeln müssen. Was sollte ich aber nun mit dieser Leber machen? Da gab mir Gott eine Laborausrüstung und ich sollte aus der Leber einen Impfstoff gegen böse Menschen machen. Das tat ich und begab mich auf die Rückreise in meinen Körper. Nun ist die schamanische Reise der eine Teil der Arbeit – aber wie sage ich es den Angehörigen? Die Tochter, die sich um ihre Mutter sorgte, wollte schließlich eine Antwort. Ich wusste ja nichts von der Familie und wollte den Fall eigentlich auch nur mit einem „erledigt" kommentieren. Die Tochter drängte jedoch auf die Einzelheiten und so erfuhr auch ich Näheres: Die Mutter hatte wirklich Leberzirrhose und war eine furchtbar intrigante

Frau, die vielen Menschen das Leben schwer gemacht hatte. Sie starb drei Stunden später.

Ich bedauere es sehr, dass die Menschen ihre Spiritualität verloren haben. Der Tod macht ihnen solche Angst und sie klammern sich oft mit größten Schmerzen an das Leben. Früher wusste man, dass die Seele nur den Körper verlässt und es dann paradiesisch weitergeht. In den fünfundzwanzig Jahren meiner schamanischen Arbeit bin ich unzählige Male auf der anderen Seite gewesen und kann dies nur bestätigen. Selbst wenn man ein Leben geführt hat, welches nicht den Normen der *Anständigen* entspricht, so ist man als Seele wieder frei und rein. Ich wollte dies auch lange Zeit nicht glauben, konnte mich aber bereits mehrfach eines Besseren belehren lassen.

Über ein Jahr lang habe ich mit einem alten Mann in der Sterbebegleitung gearbeitet. Seine Angst vor dem Tod war unbeschreiblich. Er konnte einfach nicht gehen und machte dabei seinen Angehörigen das Leben wirklich zur Hölle. Noch nach seinem Tod hat er ihnen ein seelisches und materielles Trümmerfeld hinterlassen. Die Anwälte werden in unabsehbarer Zeit diese Hinterlassenschaft mit ihren Mitteln korrigieren müssen. Ich habe viele Reisen für den alten Mann gemacht, um den Schaden auf der Seelenebene zu begleichen, den er in seinem Leben bei anderen Menschen angerichtet hat. Diesem Menschen hätte ich in meinem Alltag nicht als Familienmitglied oder Chef begegnen mögen und die Ange-

hörigen haben noch heute mein Mitgefühl und liebevollen Beistand. Der Todeskampf wurde immer abstrakter und als er dann endlich ging, kam er als Seele in einer Trancereise zu mir. Es war unfassbar, seine Seele war so rein und leicht. Zum ersten Mal habe ich eine Seele berührt. Sie war wie eine superleichte, weiche Daunenfeder. Dieses Gefühl werde ich nie vergessen. Er versprach mir, dass er es wieder gutmachen würde. Das hatte damals die Schamanin auch von meinem Mann erzählt und er hatte von der anderen Seite sein Wort gehalten. So glaube ich auch dieser Seele und mache damit den Angehörigen ein bisschen Mut.

Ich erlebe häufig, dass uns Verstorbene im Leben immer wieder zur Seite stehen und helfend eingreifen. Eine Geschichte hat mich sehr berührt:

Vor einigen Jahren lernte ich eine Mutter mit ihren vier zauberhaften Söhnen kennen. Sie alle waren vom Schmerz über den kürzlichen Tod ihrer Schwester/Tochter gezeichnet und doch hatten sie dieses besondere innere Strahlen und ich war ganz überwältigt von ihrer göttlichen Kraft. Ich habe dann mit den vier Jungs gearbeitet und sie sind wieder abgereist.

Einige Jahre später rief mich die verzweifelte Mutter an einem Sonntagmorgen völlig panisch an. Ihr zehnjähriger Sohn war seit einigen Tagen an einem schlimmen Virus erkrankt und konnte schon nicht mehr das Bett verlassen. Er meinte selbst, dass er sterben würde, und sie solle doch Tobea anrufen, denn nur die könnte noch helfen. Natürlich machte ich mich sofort auf die schamanische Reise. Ich sah, dass seine Seele schon bei seiner verstorbenen Schwester war und traute meinen Augen nicht. Sie stand an einem alten Wäschetrog und schrubbte die Seele ihres Bruders auf einem Waschbrett. Dabei verfilzte sich die Seele und nun sollte ich diese zu klein gewordene Seele dem Bruder wieder einsetzen. Ich habe es zwar nicht verstanden, aber ausgeführt. Nach der Reise rief ich die Mutter an, um ihr davon zu berichten. Sie war überglücklich, denn sie saß während der Aktion neben ihrem Sohn am Bett und konnte mit ansehen, wie sich das leichenblasse Gesicht ihres Sohnes rötete und das Leben in ihn zurückkehrte.

Während ich das jetzt aufschreibe, habe ich wieder diese Gänsehaut am ganzen Körper.

Die Mutter bestätigte mir, dass ihre Tochter zu Lebzeiten ihren Lebensunterhalt mit Filzen verdient hatte. Dass sie dies noch auf der anderen Seit tat, war natürlich für alle verblüffend. Zu dieser Reise gibt es aber noch eine Vorgeschichte. Als die Mutter mit dem kleinen Jungen schwanger war, wurde sie von dem Erzeuger des Kindes schwer misshandelt. Er wollte das Kind aus ihrem Bauch treten. Sie erinnerte mich an die erste schamanische Reise, die ich mit ihrem Sohn gemacht hatte. Dabei hatte ich gesehen, wie seine Seele in Scherben lag und ich musste die Einzelteile wieder zusammenkleben. Dies hatte wohl aber nur die folgenden vier Jahre gehalten und nun konnte er so nicht mehr leben. Er war so dünnhäutig und immer krank und geduckt. Sein Leben war einfach nicht so kraftvoll, wie man es jedem wünschen würde.

So hatte sich die verstorbene Schwester seiner Seele angenommen und ihn durch das Verfilzen unkaputtbar gemacht.

Die Mutter rief mich ein paar Tage später überglücklich an. Sie konnte ihren „neuen" Sohn gar nicht wiedererkennen. Endlich setzte er sich gegen seine Brüder und Klassenkameraden zur Wehr und wurde von ihnen akzeptiert. Somit kam nun erstmals eine für ihn bisher nicht gekannte Lebensfreude zu ihm.

Nicht nur verstorbene Menschen, sondern auch Tiere können nach ihrem Tod ihren Menschen das Leben retten. Tiere sind im Schamanismus die Mittler zwischen den Welten, oft kommen sie in einer natürlichen Körperform auch direkt in unser Leben. Bei meinen Reisen sehe ich oft einen verstorbenen Hund oder eine Katze, die mir noch eine Botschaft für ihre Angehörigen mitgeben. Oder sie helfen mir, für den Klienten in der Anderswelt zu agieren.

Ich begleitete einmal eine Klientin bei einem großen Lebensumbruch. In solchen Zeiten muss man immer erst mal ganz leer werden, um sich dann neu zu füllen. Sie hatte einen wunderschönen roten Kater, wie nur Gott einen erschaffen kann. In der wirklich schlimmsten Zeit der Klientin bekam der Kater einen Schlaganfall. Er war nun rechtsseitig gelähmt und blind. Für sie brach eine weitere Sprosse auf der Leiter nach oben, die sie gerade versuchte, wieder zu erklimmen. Aber dieser Kater war ja ein Zauberer. Er zeigte ihr mit seiner Blindheit und dem verschobenen Kopf – quasi als ihr Spiegel-

bild –, wie sie gemeinsam trotz aller Widrigkeiten durch diese Phase kommen könnten. Sie hatte jedoch furchtbare Angst, dass er sie nun auch noch allein lassen würde.

Da ich ganz normal mit Tieren sprechen kann, teilte mir der Kater mit, dass er erst geht, wenn sie über den Berg ist. So schlimm die Zeit auch war, so war sie doch bereichernd für beide Seiten. Bei ihr ging es auf allen Ebenen stetig bergauf, der Kater verzog sich zum Sterben und wurde nie mehr gesehen. Nachdem einige Zeit vergangen war, kam sie wieder zu einer schamanischen Reise; ihr fehlte der richtige Schub, um endgültig in ein neues Leben einzusteigen. Auf der Reise sah ich jedoch, dass sie keinen Unterleib mehr hatte. Wie bei einem Pullover war ihr Körper bis zum Bauch aufgeräufelt. Die Stricknadel war herausgezogen und der Faden verloren. In der Anderswelt saß ihr guter alter Kater in einer nahezu menschlichen Sitzposition auf einem Bootssteg mit einer Angel. Er war wunderschön und in seiner besten Katerzeit. Mit einem Lächeln sagte er mir, dass sein Frauchen sich keine Sorgen machen solle. Er würde seine Angel vom Himmel auf die Erde halten und sie müsse nur in die Luft greifen und alles, was sie bräuchte, wäre da. Als ich ihn auf ihre Beine ansprach, gab er mir seine mit. Gott gab mir dann noch eine neue Stricknadel und im großen Wollelager konnte sich die Seele meiner Klientin unter tausend unterschiedlichen Knäulen ihr Lieblingsrot für den neuen Lebensfaden aussuchen. Ich kannte ja den Kater auch gut und hatte mit meiner Klientin viele schwere Stunden durchlebt, so liefen mir schon während des Trommelns die Tränen und ich konnte das Erlebte kaum aussprechen. Als wir anschließend zusammen in die Stadt gingen, sah ich sie im Augenwinkel auf Samtpfoten und mit festem Schritt.

Das Lebensbuch

Ich habe viele Jahre das Leben eines Ertrinkenden gelebt. Krankheiten und Katastrophen wechselten sich ab und immer wenn ich gerade wieder aufgetaucht war und ein bisschen Luft holen konnte, schlug das Schicksal wieder zu. Ich bin ein sehr aktiver Mensch. Wenn sich eine Situation nicht richtig anfühlt, ändere ich das schnellstmöglich, obwohl sich meinem Verstand die Haare sträuben. Aber aus dieser Schicksalsnummer kam ich einfach nicht raus. In meiner Verzweiflung holte ich mir bei vielen weisen Leuten Hilfe, aber wenn dann der Satz kam: „Das hast du vor deiner Geburt schon so festgelegt", hätte ich vor Wut platzen können. Kein Mensch kann sich so ein Leben ausdenken. Inzwischen weiß ich, dass die Seele ihr Eigenleben hat und dies oft nicht mit unserem Denken und unseren Vorstellungen übereinstimmt (Fahrgast/Taxifahrer). Ich war ja der große Zweifler und brauchte immer Beweise.

Bei meinen vielen Reisen kam ich Gott immer näher. Unsere Zusammenarbeit wurde fast täglich besser und nach einer langen Zeit der Prüfungen bekam ich während einer Reise einen goldenen Schlüssel für die große Weltenbibliothek von ihm überreicht. Hier werden alle Drehbücher von allen Menschen aus vergangenen und zukünftigen Leben aufbewahrt. Ich spüre noch die Energie, die bei der Einweihung um mich herum war. „Das kann man sich nicht ausdenken." Auch bin ich sehr froh, dass ich einige Menschen getroffen habe, die diese Bibliothek genauso sehen können wie ich. Andere betiteln sie als *Akasha Chronik* oder *Palmblattbibliothek.* Das beruhigt mich immer wieder.

Natürlich musste ich nun ganz schnell in mein Lebensbuch sehen. Doch ich war total enttäuscht, weil ich es nicht lesen konnte. Es war so eng beschrieben und in so einer winzigen Schrift gekritzelt, aber es passte genau zu meiner Lebenserfahrung. So waren die Seiten aus der Zeit meines Rückzugs aus dem gesellschaftlichen Leben nur mit einzelnen Überschriften versehen und sonst leer. Es musste etwas bearbeitet werden und ich konnte dabei die Kreateurin meines eigenen Lebens sein.

Bei meiner Arbeit gehe ich öfter in diese Bibliothek, um für meine Klienten wichtige Informationen zu erfahren, die sie brauchen, um ihr Leben wieder führen zu können. Da könnte ich auch oft meinen *Lieblingsfeindsatz* sagen: „Sie haben es vor der Geburt so festgelegt, das ist Ihr Schicksal." Das hört sich aber viel zu grausam an, denn das Lebensbuch ist eigentlich nur ein Lehrbuch. Wir legen vor unserer Geburt nur den Leistungskurs fest, welchen wir im Leben besuchen wollen. Die Seele will Erfahrungen machen und ihre emotionale Datenbank erweitern. Dafür braucht sie die körperliche Hülle, um zu erleben und den Geist/das Denken, um es zur Speicherung zu wandeln.

Wenn wir etwas nicht bearbeiten und es abbrechen, ist das wie ein *Sitzenbleiben.* Das gleiche Thema kommt in einer anderen Verpackung wieder. Es ist dann meine Aufgabe, meinen Klienten zu helfen, diese Endlosschleife zu durchbrechen und als Anwalt für die Seele ein leichteres Studienfach mit der geistigen Welt auszuhandeln.

Ich habe mir den Zutritt zur göttlichen Bibliothek sehr hart erarbeitet und ich gehe damit äußerst respektvoll um. Bei mir gibt es keinen spirituellen Tourismus, nur um aus Neugierde mal in andere Leben zu sehen oder um zu gucken, ob der tolle Partner bald kommt.

Mit dem Lebenspartner ist das sowieso sehr speziell. Viele wollen wissen, ob der oder die nun der oder die Richtige ist. Es fühlt sich ja auch gut an, wenn der Seelenpartner so nah bei einem ist. Wir haben nur ein großes Problem: Gott hat uns den freien Willen mitgegeben und damit bestimmt meistens unser Taxifahrer (Denken), wer noch mitfahren darf. Wir assoziieren mit dem *Richtigen* den Partner, mit dem wir alt werden wollen, ein Haus bauen und die Kinder großziehen wollen. Im göttlichen Plan gibt es aber eine ganz andere Definition für den *Richtigen.* Dieser Mensch kommt in unser Leben, weil wir mit ihm etwas lernen wollen. Er hat die gleichen Hausaufgaben bekommen. Manchmal kommt auch einer daher, den wir sehr lieben, dabei soll er uns nur durch eine schwere Phase unseres Lebens begleiten und wenn dieser Lebensabschnitt bewältigt ist, ist auch die Beziehung zu Ende, was man dann einfach nicht wahrhaben will. Es gibt auch Kinderseelen, die sich ihre Eltern aussuchen, nur um von diesen bestimmte Lebensbausteine für ihr weltliches Leben zu bekommen. Sie brauchen aber diese elterliche Konstellation nicht im Alltag und andere Eltern übernehmen diesen Part. Jedenfalls ist es in der konkreten Situation immer der *richtige Mensch* im übergeordneten Plan.

Wie sehr eine Aussage über den *Richtigen* schaden kann, habe ich selbst schmerzhaft feststellen müssen. Es hat mich aber gelehrt, Informationen der geistigen Welt immer wieder sorgsam zu überprüfen, bevor ich Aussagen treffe.

Zu meinen beruflich schönsten Zeiten, bevor ich Schamanin wurde, gehörte die Arbeit mit meinen Schneiderlehrlingen. Ich war damals Leiterin der Lehrwerkstatt und wie es so üblich ist, haben wir ein paar Tage Freizeit in einer Jugendherberge verlebt. Dort hielt sich zur selben Zeit eine Jugendfußballmannschaft mit ihrem Trainer auf. Meine Mädels waren entzückt, denn für jede war einer von den Jungs interessant. Mich hatte der Trainer im Visier und damit begann für mich und meine Familie eine Höllenzeit. Eine Kartenlegerin hatte ihm gesagt, dass er nur noch zwei Jahre zu leben hätte und dann bei einem Autounfall ums Leben kommen würde. Vorher würde er aber noch seine Traumfrau kennenlernen und die Beschreibung passte wohl ganz genau auf mich. Ich war erschrocken über seine Zudringlichkeit und heilfroh, dass wir einen Tag später wieder nach Hause fahren konnten und diese Geschichte vergessen sein würde. Meine Lehrlinge jedoch fanden ihn toll und wollten uns verkuppeln und so kam er an viele persönliche Daten von mir. Nach meiner Rückkehr nach Hause stand er irgendwann einfach vor meiner Tür und verfolgte mich von da an auf Schritt und Tritt. Er war besessen von der ihm verbleibenden zweijährigen Lebenszeit, welche er glücklich mit mir verbringen wollte. Nichts half, ihn vom Gegenteil zu überzeugen. Er klingelte sogar bei uns und bat meinen Mann, mich doch für die zwei Jahre frei zu geben, er könne mich ja danach wieder haben. Zu diesem Zeitpunkt hatte mein Mann jedoch selbst schon sein Todesurteil in Form einer Krebsdiagnose erhalten, und zu diesem Horror gesellte sich nun auch noch so eine Szene. Mein Mann glaubte mir natürlich nicht, dass zwischen diesem Typen und mir nie etwas gewesen sei – wie sollte er auch. Ich stand mit dem Rücken zur Wand und wusste keinen Ausweg mehr. Ich habe nie einen größeren Schmerz in einem Gesicht gesehen. Mein Mann starb sechs Monate später, er konnte mir nicht mehr verzeihen. Ob die Prophezeiung der Kartenlegerin eingetroffen ist, habe ich nie erfahren.

Ich habe lange an dieser Erfahrung geforscht und musste feststellen, dass auch der Trainer ein *Richtiger* war. Durch ihn und diese Geschichte habe ich einen spirituellen Studiengang zum Thema *Stalker/Opfer* absolviert. Mit dem dort Gelernten über höhere Zusammenhänge konnte ich schon vielen Menschen helfen. Es hatte also einen Sinn und damit konnte ich letztlich auch meinen Frieden finden.

Der Blick in das Lebensbuch meiner Klienten dient immer nur der Sinn- und Friedensfindung. Ich sage nicht die Zukunft voraus. Wir alle haben den Draht zu unserem Drehbuch und wenn wir ganz genau in uns hineinhorchen und der inneren Stimme mehr Gewicht geben, wissen wir auch genau, was zu tun ist.

Es tut mir richtig weh, wenn ich Vorverurteilungen von oberflächlichen Menschen höre. Für mich ist alles wie ein Hologramm. Dabei sehe ich das Original und zur gleichen Zeit, was sich dahinter abspielt. Das ist natürlich toll und erspart mir eine Menge Fehlentscheidungen. Es macht aber durch die Doppelbilder manchmal auch ein ganz normales Gespräch mit meinem Gegenüber fast unmöglich. Da wäre es schon schlimm, wenn alle so wären wie ich. Aber es wäre schön, wenn jeder daran denkt, dass alles eine tiefere

Ursache oder einen höheren Sinn hat und wir es häufig nicht in der Hand haben, Dinge anders zu regeln. Ein beliebtes und weit verbreitetes Vorurteil ist das von Mitmenschen gegenüber Großfamilien.

Eine nicht mehr ganz junge Frau ohne Beruf wollte von mir wissen, was ihr Leben ausmacht. Bei meiner Reise fragte ich Gott danach und er zeigte mir ihr Lebensbuch. Darin stand, dass sie „eine Mutter" ist. Ich wusste nicht viel von ihr und bekam zunächst einen Riesenschreck, als ich in ihrem Buch von zwölf Kindern las. Ich wusste auch nicht, wie ich ihr das beibringen sollte. Aber sie lachte herzhaft, denn sie hatte schon neun Kinder. Die Frau wollte keine Kinder mehr. Wir haben dann bei einer weiteren Reise mit den ungeborenen Seelen verhandelt und sie gebeten, sich nach anderen Eltern umzuschauen. Ich habe die Frau mit ihren Kindern inzwischen näher kennengelernt und sehe, wie sie und die Kinder ganz stimmig ihr Leben meistern. Es ist wirklich schön anzusehen.

Die Bestimmung

Die meisten meiner Klienten möchten ihre Bestimmung aus dem Lebensbuch erfahren. Für sie verbergen sich hinter diesem Begriff ein Beruf oder ein bestimmter Dienst an der Menschheit oder andere größere Projekte. Ich habe oft genug gesehen, dass den Menschen ihre Berufung über den Weg läuft und diese dann sofort wissen, dass es das *Richtige* ist. Für mich steht hinter dem Begriff *Bestimmung* das Wort *stimmig*. Der Mensch sollte mit sich selbst stimmig sein, das ist die göttlichste Bestimmung. Das heißt auch *authentisch* sein. Doch wer ist das schon immer? Wir werden von Kindheit an in eine gesellschaftliche Uniform gepresst oder wir passen uns an, weil es bequemer ist oder weil wir glauben, sonst nicht geliebt zu werden. Der Spruch: *Um des lieben Friedens willen* beinhaltet immer den Frieden des anderen und nicht den eigenen. Dabei geht unsere Individualität verloren und wir wissen nicht mehr wirklich, wer wir eigentlich sind. Dann sehe ich im Lebensbuch: „Es ist die Aufgabe, authentisch zu werden." Das war auch meine Aufgabe, an der ich sehr lange gearbeitet habe. Es war ein schwerer Weg und ich hätte oft lieber meine Masken wieder aufgesetzt. Der Weg bedeutet, sich auszuprobieren, die Grenzen auszuloten und nicht zu warten, dass ein göttlicher Kellner vorbeikommt und einem das Leben auf dem Silbertablett serviert. Für mich hat sich dieser Weg gelohnt. Ich habe dabei meine Bestimmung gefunden und bin nun mit mir stimmig.

Während meiner Reisen für meine Klienten sehe ich auch oft, wie sich Kanäle öffnen und große Lebensveränderungen ankündigen. In solchen Momenten fühle ich mich innerlich häufig zerrissen, denn ich weiß einerseits, dass die Betroffenen endlich ihren Weg gehen werden und sich neue Tore für sie öffnen, andererseits werden sich wahrscheinlich andere Türen für sie schließen.

Ein Beispiel für das *Stimmigwerden* zeigt diese Geschichte:

Ein Herr im mittleren Alter kam zu mir und wollte seine Bestimmung wissen. Er hatte alles erreicht und nun sollte etwas Neues und Spannendes kommen. Ich sollte ihm sagen, was das wäre. Diese Arbeit mache ich sehr ungern, weil sie immer mit einer hohen Erwartung des Klienten verbunden ist und die göttliche Sprache eine ganz andere ist. Als Mittler bin ich dann meist der Überbringer einer „komischen" Botschaft. Ich bin sehr froh, dass man heute nicht mehr dafür geköpft wird. So machte ich mich in meiner Trancereise auf die Suche nach der Antwort. Es ging sogar sehr schnell. Ich sah mir das Seelenhaus des Mannes an und dieses stand auf einer Modellanlage aus Plastik, wie sie Architekten zur Veranschaulichung ihrer Projekte bauen. Auch seine Freunde waren in den anderen Häusern dieser unwirklichen Lebenswelt. Alles um ihn herum war künstlich. In solchen Fällen muss ich ja ein neues Seelenhaus bauen und so fragte ich die Seele, wie ihr Wunschhaus beschaffen sein sollte. Sie konnte sich nicht entscheiden und so ging ich zu Gott und fragte ihn, was die Bestimmung meines Klienten wäre. Seine Antwort kam klar und deutlich: „Er soll sich renaturieren." Ich glaube, mein Klient wollte eher wissen, ob er sich ein Motorrad oder einen Porsche kaufen sollte und nun musste ich ihm diese Botschaft übermitteln. Die Reise ging dann noch weiter. Durch diese Botschaft sah sein Inneres jetzt wie eine zugebaute Landschaft aus, ich musste alles einreißen und dem Fluss sein altes Flussbett wiedergeben. Das heißt, im wahren Leben sollten seine Gefühle wieder frei fließen können und den rechtmäßigen Raum einnehmen. Ich musste einen Weg für die Fische freimachen, damit diese wieder an ihre Laichplätze kamen. Die Fische stehen für Intuition und diese brauchte er für sein neues/echtes Leben. Es war sehr schön anzusehen, wie sehr sich das Innere meines Klienten im Zeitraffer wandelte. Gleichzeitig ist das eine dieser Reisen, wo es danach im Leben einen großen Knall geben kann und ich wusste nicht, wie ich ihm das beibringen sollte. Er jedoch nahm die Informationen ganz gelassen und fand sie fast amüsant. Er könne ja mal darüber nachdenken und vielleicht einen Garten anlegen. Wir verblieben so. Ich sah ihm noch nach und meine innere Stimme sagte, dass er sich bald wundern würde. Ich weiß aus langer Erfahrung, dass sich die Seele, wenn sie etwas will, sehr energisch durchsetzen kann.

Außerdem hat sie die besseren Kontakte dafür. So rief mich mein Klient nur wenige Tage später an und teilte mir mit, dass er völlig überraschend seine Kündigung erhalten hat. Er tat mir zwar wirklich leid, aber ich bin Anwältin der Seele und so freute ich mich natürlich in erster Linie für meine „Mandantin". Die geistige Welt wird ihm sehr schnell den richtigen Weg zeigen. Ich mache mir keine Sorgen um ihn, denn er ist jetzt in guten Händen.

Eine alte Weisheit wird sich wieder bestätigen:

„Ein Tritt in den Hintern
ist oft ein Stoß ins Glück."

Verträge

Ein Schamane hat einmal zu mir gesagt:

> **„Es ist deine Aufgabe, die Menschen ins Verstehen zu bringen. Wenn sie verstehen, können sie verzeihen und wenn sie verzeihen, können sie auch wieder lieben."**

Diese Aufgabe erfülle ich gern und mit ganzem Herzen. Bei meiner Arbeit sehe ich oft, wie sich Seelen miteinander absprechen, aber im Leben kann unser Verstand diese Absprachen nicht umsetzen und das ist kaum auszuhalten. Ich habe lange Zeit meine Vergangenheit im menschlichen Dasein mit meinem Seelenplan abgeglichen. Dabei gab es viele Situationen, die ich mir dann auch endlich selbst verzeihen konnte.

Nach einer kurzen Nierenkolik meines Mannes bekamen wir im Januar 1989 die erschreckende Nachricht, dass er Krebs hat. Dieser sei schon so weit fortgeschritten, dass wir jeden Tag damit rechnen müssten, dass es zu Ende geht. Das durfte einfach nicht sein! Ich hatte meinen Mann im Alter von zwanzig Jahren in einer meiner schwierigsten Lebensphasen kennengelernt. Er war vierundzwanzig Jahre älter als ich und ich hatte ihm mein Leben in die Hand gegeben. Er war mein Gott. Die Monate gingen ins Land und er starb doch nicht so plötzlich. Stattdessen wurde jedoch seine Bewegungsfreiheit durch Metastasen in der Wirbelsäule sehr stark eingeschränkt und der Pflegeaufwand war kaum noch allein zu bewältigen. Zudem hinderte ihn die völlig verkrebste Lunge am Atmen und die ständigen Husten- und Erstickungsanfälle machten uns permanent bewusst, dass der Tod mit uns in unserer kleinen Zweizimmerwohnung lebte. Es gab kein Hospiz und ich konnte meinen Mann erst in seinen letzten paar Tagen in ein Krankenhaus geben. Er selbst wollte niemanden sehen. Und so waren wir im Schmerz gefangen. Wir wohnten in Berlin und um uns herum überschlugen sich die politischen Ereignisse in der DDR. Wir lebten über Monate hinweg im Ausnahmezustand und es war kein Ende in Sicht.

Mein Sohn ging damals in die erste Klasse und er hätte natürlich die volle Unterstützung seiner Mutter gebraucht. Aber ich war in einer seelischen Lähmung und überstand selbst immer nur einen Tag nach dem anderen. Wenn ich daran denke, was ich ihm damit angetan habe, fange ich immer noch an zu weinen. In diesem Chaos klingelte es eines Mittags und mein Sohn stand mit seiner Lehrerin vor der Tür. Er trug eine große Armschiene. Die Lehrerin blaffte mich gleich an, weil sie mich nicht erreichen konnte und selbst mit meinem Sohn zum Arzt gehen musste. (Heute kaum noch vorstellbar, aber zu der Zeit gab es noch nicht für jeden ein Telefon.) Die Lehrerin meinte, ich solle mich doch um mein Kind kümmern. Ein Vorwurf, der so nicht stimmte und den ich in unserer momentanen Situation nicht auch noch gebrauchen konnte. Mein Sohn hatte sich einen Finger abgeklemmt. Er konnte wieder angenäht werden, aber nun stand dieser kleine Junge völlig verzweifelt vor mir. Jede normale Mutter hätte ihr Kind tröstend in die Arme genommen, aber ich konnte in dem Moment nur sagen: „Wie kannst du mir das antun, ich hab doch schon so viele Sorgen." Ein Satz, der aus tiefster Seele kommt. Ein Satz, der töten kann. Ein Satz, den man auch nicht mit tausend Entschuldigungen wieder mildern könnte. Ich sah in dem Moment, wie ein Teil seiner Seele den Körper verließ, und ich konnte nichts tun.

Dieser Satz hat aber meinem Leben eine neue Wegrichtung gegeben und er war der springende Funke für meinen jetzigen Beruf. Als ich in dem Buch „Auf der Suche nach der verlorenen Seele" von Sandra Ingermann über Seelenrückholung las, wusste ich sofort, dass ich genau das lernen musste, um meinem Sohn seine Seelenanteile zurückzuholen und mich von der Schuld zu befreien.

Das habe ich konsequent durchgezogen, aber es brauchte eine lange Zeit, bis ich wirklich die Chance bekam, für ihn zu arbeiten. Inzwischen war er fünfundzwanzig Jahre alt und ich arbeitete hauptberuflich als Schamanin. Seelenrückholungen gehörten zu meinen täglichen Aufgaben.

Als ich anfing zu trommeln und auf die Reise gehen wollte, landete ich gleich bei Gott. Er saß wie ein Chef an einem Schreibtisch, an einem anderen, T-förmigen Tisch saßen mein Sohn und ich uns gegenüber. Ich schilderte Gott die damalige Situation und bat ihn um den Seelenanteil meines Sohnes. Da passierte etwas, womit ich nie gerechnet hatte: Mein Sohn hatte nicht seinen Seelenanteil verloren, weil ich diesen Satz damals gesagt hatte, sondern Gott hatte mir diesen Sohn geschenkt, damit ich am Leben bliebe. Er hat mich in meiner größten Not immer getragen und sein Seelenanteil war gegangen, weil er in diesem Moment in seinem Seelenplan versagt hatte. Unfassbar! Wir hatten einen Seelenvertrag, der diese Verantwortung für mich besiegelt hatte. Nun war die Zeit gekommen, ihn aus dieser Verantwortung zu entlassen und ihm sein eigenes Leben zu geben. Wir lösten den Vertrag und die Reise war zu Ende.

Mein Sohn war danach wie ausgewechselt. Er hatte nun alle Kapazitäten für sein eigenes Leben frei und innerhalb kürzester Zeit kam er auch in seinem Leben an und alles regelte sich zu seinen Gunsten. Ich bin so glücklich über meinen wunderbaren Sohn und darüber, wie kraftvoll er sein Leben meistert. Er hat mich den Mut zur Unmöglichkeit gelehrt.

Für mich war das eine der bedeutendsten Reisen in meinem Leben und die erste, in der ich einen Seelenvertrag selbst wahrnehmen konnte. Vor allem aber habe ich erfahren, dass diese Verträge mit Gott verhandelbar sind. Inzwischen bin ich eine versierte Anwältin für die Seelen geworden.

Als Eltern müssen wir dafür sorgen, dass die Kinder gut gedeihen, im Leben ihren richtigen Platz finden und diesen auch ausfüllen können. Aber manchmal werden

Kinder auch geboren, damit aus den Eltern etwas werden kann.

Wie wichtig diese Mediatoren-Arbeit ist, verdeutlicht das Beispiel einer jungen Mutter:

Sie kam zu mir, weil sie mit dem Tod ihres Kindes nicht fertig wurde. Ich ging auf die Reise, um von der Seele des Kindes ein paar tröstende Worte für die Mutter zu erhalten. Die kleine Kinderseele war fröhlich und guter Dinge. Ihre Worte waren ganz klar, aber sie trafen mich tief ins Herz. Ob das nun tröstend für die Mutter sein würde, bezweifelte ich zutiefst. Ich wusste gar nicht, wie ich der Mutter das übermitteln sollte, und hätte sie am liebsten ohne ein Wort nach Hause geschickt. Das sind die Momente, in denen ich am liebsten fristlos kündigen möchte. Aber ich bin auserwählt, um als Dolmetscher zwischen geistiger und materieller Welt zu vermitteln. Ich nahm meinen ganzen Mut zusammen, fragte die junge Frau, ob sie es wirklich wissen möchte und überbrachte dann die Botschaft. Die Kinderseele hatte mir gesagt: „Ich habe mich geopfert, damit du eine gute Mutter wirst. Ich bin nicht tot, ich lebe in meinem Zwilling weiter." Uns beiden krampfte sich der Magen zusammen. Dann erzählte mir die Mutter die ganze Geschichte. Sie hatte Zwillinge bekommen und eines der beiden Kinder war von Geburt an schwer krank und hatte auch keine Chance zum Überleben. Es wurde nur ein paar Monate alt. Obwohl es der Mutter unendlich schwerfiel, konnte sie jedes Wort der verstorbenen Kinderseele annehmen. Sie hatte die Schwanger-

schaft überhaupt nicht ernst genommen und ihr aufregendes Leben weitergeführt. Erst die Geburt des kranken Kindes hat sie in die Verantwortung gebracht. Durch die monatelange Pflege war sie gezwungen, sich mit ihrer Mutterschaft auseinanderzusetzen. Der Schmerz über den Verlust hat sie zu einer besonders liebevollen und aufmerksamen Mutter für den anderen Zwilling werden lassen. Sie bestätigte mir auch, dass dieses Kind wie zwei Kinder ist. Die Seelen der Kinder hatten lange vor ihrem Lebenseintritt einen Vertrag mit der Seele der Mutter geschlossen. Dadurch verringerte sich die Last auf den Schultern der Mutter, die sich durch ihren Lebenswandel in der Schwangerschaft die Schuld am Tod ihres Kindes gegeben hatte. Wir waren beide sehr erleichtert. Inzwischen hat sie noch ein Kind bekommen und liebt ihre Mutterrolle.

Wie schmerzlich und doch auch tröstlich solche Verträge zwischen den Seelen sein können, hat mir eine Reise mit einer jungen Frau gezeigt. Bei meinen Studien habe ich mich sehr intensiv mit Blut- und Organspenden und deren Auswirkungen auf Seelenebene beschäftigt. Meistens habe ich ja die *neuen Seelenanteile* als Fremdbesetzung im Seelenhaus gesehen und musste zwischen ihnen vermitteln. Wer will schon, dass ein Fremder einfach in das eigene Haus einzieht und seinen Lebensplan darin verwirklicht. Das ist im Seelenhaus genau wie im richtigen Leben und erfordert viel Liebe. Wenn diese Liebe nicht da ist, muss man zwischen den

Bewohnern vermitteln oder eben auch Verträge aufsetzen.

Das Äußere der jungen Frau zeigte mir eine große Kraftlosigkeit und Traurigkeit. In ihrem Inneren war aber eine starke Seele. Ich musste nun herausfinden, warum diese nicht in ihrer Lebenskraft war. Als ich in der Trancereise durch ihren Körper lief, sah ich, dass sie keine Organe mehr hatte. Natürlich hatte sie in der materiellen Ebene alle Organe, aber energetisch waren sie nicht mehr sichtbar. Ich machte mich also auf die Suche und sah, dass mehrere alte Leute vor ihrem aufgeschnittenen Bauch standen und sich wie in einem Wühltisch beim Sommerschlussverkauf die Organe herausnahmen. Ich hatte schon oft energetisch ausgeweidete Körper gesehen, aber so etwas hatte ich noch nie erlebt. Ich fragte die Leute, wie sie das machen könnten, und mit einer Selbstverständlichkeit erklärten sie mir, dass ein Organspende-Ausweis vorläge und sie sich jetzt bedienen dürften. Gott bestätigte mir diese Programmierung. Ich musste mir im göttlichen Fachhandel neue Organe besorgen und diese wieder einsetzen. Ich war so schockiert von den Bildern, dass ich die Reise abbrach. Die junge Frau bestätigte mir dann, dass sie in Besitz eines Organspende-Ausweises sei und im Pflegeheim arbeiten würde. Sie liebte ihre Arbeit sehr, konnte diese aber oft nicht verkraften. Mit den Bildern von meiner Reise konnte sie sich absolut identifizieren. Sie fühlte sich weder tot noch lebendig und hatte das Gefühl, dass sie bald sterben müsse. Jetzt wollte ich genau wissen, was auf der Seelenebene passiert, wenn der Mensch seine Organe bewusst zur Verfügung stellt. Ich ging wieder auf schamanische Reise und sah, wie ihre Seele vor ihrem Lebenseintritt mit einer anderen Seele einen Vertrag schloss. Diese andere Seele sah ich als kleines Mädchen, welches die Organe von meiner Klientin bekommen sollte. Da mir meine Klientin geschickt wurde, damit ich ihr half, musste ich jetzt in ihrem Sinne handeln und bat Gott um die Überprüfung des Vertrages. Er löste diesen auf und gab mir gleich noch eine Kinderseele mit. Nachdem ich die Reise beendet hatte, saß die junge Frau ganz kraftvoll und strahlend vor mir. Ich sah auf ihrer Schulter die kleine Seele sitzen und hoffte, dass ihre Eltern schnell eine körperliche Hülle für sie zur Verfügung stellen würden.

Die Reise hatte mir gezeigt, dass ein neues Organ nicht immer ein *Seelenhausbesetzer* ist und Organverpflanzungen auch im göttlichen Sinne sein können.

So etwas ist mit dem menschlichen Verstand nicht *begreifbar* und ich selbst habe auch immer wieder gezweifelt. Doch Gott hat einmal zu mir gesagt: „Deine Arbeit beginnt, wo der Verstand an seine Grenze kommt.“ Das hat mir meinen inneren Frieden gegeben.

Programmierungen

Programmierungen sind materialisierte Gedanken und Worte. Sie haben sich oft verselbstständigt und behindern nun den natürlichen Lebensfluss. Jeder Gedanke, jedes ausgesprochene Wort passierte mir sofort. Ich konnte es gar nicht so schnell rückgängig machen, wenn ich mich mal *verdacht* oder versprochen hatte. Es war wie ein Fluch. Jetzt weiß ich, was unser gedankenloses Denken bewirken kann. Natürlich ist es schön, wenn sich unsere Wünsche erfüllen. Aber Gedanken können auch zu Waffen werden und tödlich enden. Wenn ich durch den Körper meiner Klienten reise, sehe ich diese Manifestationen und wie sie wirken. Ich vergleiche mich dann immer mit einem Computerspezialisten, der genau sieht, wie ein Trojaner das System zerstört hat und dieses wieder repariert.

Die Programmierung durch Wünsche an das Universum

Seit Jahren schwirren die Wünsche der Menschen durch das Universum - wie Bestellungen in einem Versandhandel. Unzählige Mutmacher animieren uns, einfach nur unsere Bestellungen abzugeben. Wenn wir dann sofort den tollen Parkplatz in der völlig überfüllten Innenstadt bekommen, fühlen wir uns vom Universum bestätigt. Manchmal klappt es auch mit dem Partner/der Partnerin. Wenn sich dann allerdings herausstellt, dass wir bei unserer langen Bestellliste doch das eine oder andere Detail vergessen haben, ist der Schmerz groß. Da sich bei mir jeder Gedanke sofort materialisiert, habe ich natürlich auch das universelle Angebot für den perfekten Mann vor einigen Jahren angenommen. Nach mehreren Reklamationen, die mich in meinen Wünschen immer klarer werden ließen, bekam ich dann auch endlich den Traummann. Auf meiner Liste hatte ich jedoch vergessen zu erwähnen, dass ich seine Einzige sein wollte ... Ich habe es dann aufgegeben. Mein Gebet lautet nur noch: „Gott, dein Wille geschehe, weil es auch mein Wille ist. Lass mich deinen Willen wollen. Du weißt am besten, was ich brauche und was gut für mich ist. Gott, ich vertraue Dir. Danke."

Bei all unseren Wünschen und Gedanken vergessen wir meistens, dass das Universum uns immer hört und uns auch immer ernst nimmt. Gott hat uns den freien Willen gegeben – wie oft wir allerdings sträflich damit umgehen, sehe ich bei meiner Arbeit.

Mein Lieblingsbeispiel ist ein junger Mann. Er war Ende zwanzig, gut aussehend, charmant, weltoffen. An ihm war alles dran, was man sich von einem Traummann wünschen würde. Dass er ein Problem hatte, die richtige Frau zu finden, konnte ich mir beim besten Willen nicht vorstellen. So machte ich mich auf die Reise in sein Inneres.

Dabei guckte ich mir an, welche Ausstrahlung von seiner Seele ausging. Liebe ist eine Sache der Seele und der Göttlichkeit. Also muss ich in dieser Verbindung erst einmal den Fehler suchen. Alles war im grünen Bereich. Dann sah ich mir das Lebensbuch an. Es kann ja sein, dass es in seinem Leben gar nicht vorgesehen ist, dass er eine Frau haben soll. Nein, das war es auch nicht. Ich sah ihn in glücklicher Familie, ohne Einschränkungen. So machte ich mich auf den Weg durch sein Leben, auf der Suche nach bestimmten verlorenen Seelenanteilen, die eine Liebe unmöglich machten. Auch die waren alle da. Diese Begegnung war ziemlich am Anfang meiner Berufsausübung und nun war ich mit meinem Wissen am Ende. Aber ich konnte nicht aufhören, zu suchen. Mit meiner Hartnäckigkeit zur Lösungsfindung konnte ich jedes Mal weitere Grenzen in der nichtalltäglichen Wirklichkeit überschreiten. Durch meinen Klienten kam ich bei dieser Reise in die „Abteilung der Wunscherfüllung". Der junge Mann hatte einmal, in ganz jungen Jahren, eine große

Liebe, die ihn verlassen hatte. In seinem Schmerz sagte er: „Wenn ich die nicht bekomme, will ich keine andere." Ich habe dann mit der geistigen Welt verhandelt, damit man ihm diese Programmierung wieder löschen möge.

Nach der Reise bestätigte mir der junge Mann diese Aussage. Schon am nächsten Mittag rief er mich überglücklich an, dass schon drei Frauen auf sein Lächeln reagiert hätten, mit der einen würde er heute noch einen Kaffee trinken gehen. Ich weiß nicht, ob diese dann auch seine Partnerin wurde. Aber ich weiß, dass er heute in einer glücklichen Familie lebt.

Nicht immer ist ein Wunsch aber so positiv:

Ein lieber Freund von mir hatte im pubertären Alter eine grausame Leukämie, konnte sie aber dank der modernen Medizin bekämpfen und völlig gesund werden. Eine erneute Leukämie, einige Jahre später war somit ein herber Rückschlag. Wie konnte es nur dazu kommen? Mithilfe der schamanischen Reise haben wir nach den Ursachen gesucht und diese auch mit großem Erstaunen gefunden. Er hatte in seiner ersten Krankheitsphase eine wunderbare Freundin, die alles mit ihm zusammen durchgestanden hatte. Als er wieder richtig gesund war, verließ ihn diese Freundin. So wünschte er sich seinen Krebs zurück. Er ging davon aus, dass dann auch die Freundin zurückkäme. Ja, das Universum hört alle Wünsche. Er war ein großer Sportler, aber der Sieg als Einzelkämpfer gegen die Leukämie war sein größter Erfolg. Wir sind immer noch befreundet und passen gut auf uns auf.

Wir vergessen gern, dass auch der Tod zum Universum gehört. In meinem Leben habe ich es mehrmals lernen müssen, dass auch er sehr hellhörig für unsere Wünsche ist.

Dass uns Dinge oft auch in eher unwahrscheinlichen Zusammenhängen begegnen, möchte ich anhand eines simplen Beispiels zeigen:

Ich hatte immer Schulden, obwohl ich genug Geld verdient habe. Gerade war mal wieder eine größere Summe angespart, passierte etwas Unerwartetes und das Geld war wieder weg und ich musste wieder Schulden machen. Es war zum Verzweifeln, nichts half. Ich kam nicht hinter dieses System, um es zu durchbrechen. Bei einem Seminar gab es eine Reise mit der Frage: „Welche Programmierung steht meinem Leben im Weg und hindert mich, frei zu sein?" Wir sollten dazu unseren spirituellen Meister befragen und diesen bitten, es zu ändern. Da mein spiritueller Meister der Tod ist, kam er auch ganz schnell und zeigte mir meinen Wunsch. Ich hatte in einer mir aussichtslos erscheinenden Phase meines Lebens den Tod zu mir gebeten. Er solle mich doch bald holen, ich könnte einfach nicht mehr leben. Aber er solle so lange warten, bis ich genug Geld für meine Beerdigung zusammen hätte und all meine Schulden bezahlt seien. Offenbar hatte er mich sehr ernst genommen und da ich noch auf Erden bleiben sollte, musste ich also immer wieder Schulden machen.

Auch so sorgt also das Universum für uns. Nach der Trancereise konnte ich es kaum fassen und kam aus dem Heulen nicht mehr raus. Mir fiel auch wieder ein, dass ich das einmal gesagt hatte, und doch war es schon so lange her. Inzwischen habe ich eine Sterbegeldversicherung abgeschlossen und wenn ich monatlich auf meinem Konto die Abbuchung sehe, erinnert es mich an meinen Eigenfluch und an das sorgsame Umgehen mit Worten und Gedanken.

So ein selbst gemachter Wunsch kann aber auch ein Fluch werden und uns ins Grab bringen:

Eine Frau um die sechzig kam mit einem Gutschein zu mir. Sie hatte ihn zum Geburtstag von lieben Menschen geschenkt bekommen. Man sah ihr nicht an, dass ihr etwas fehlen könnte, und in dem Alter geht man ja auch einmal im Jahr zum Arzt und lässt einen Check-up machen. So sollte man jährlich auch einen Check-up für die Seele machen, unabhängig vom Alter. Ich freue mich natürlich auch mal über solche Arbeiten, denn es müssen ja nicht immer Dramen sein. Doch diese Reise entwickelte sich zu einem. Bei meiner „Durchsicht ihres Körpers" auf der Klangliege sah ich, wie sich ihre Organe langsam auflösten, so wie Schnee in der Schmelze. Ich konnte es gar nicht fassen, was ich da sah, denn das bedeutete den baldigen Tod. Danach machte ich eine schamanische Reise, um den Dingen noch tiefer auf den Grund zu gehen. Hier sah ich die Frau im Nebel in der Zwischenwelt. Das passte überhaupt nicht zu ihrem Erscheinungsbild. Wie konnte das sein? Sie war nicht depressiv, sonst würde sie sich beim Tod einschmeicheln, damit er sie mitnähme. Außer einer nicht geborenen Kinderseele hatte sie auch keinen Seelenverlust durch Todeserfahrungen. Ihr Seelenplan war auch noch nicht abgearbeitet. Warum war sie in dieser Zwischenwelt? Die Antwort war: Sie hatte Seelenanteile zum Tausch angeboten. Ich konnte damit jedoch nichts anfangen. Der Tod gab ihr die Seelenanteile zum Glück wieder und ich konnte beruhigt die Reise beenden.

Nun musste ich dieser lebenslustigen Frau von meiner Reise in die Zwischenwelt berichten und das war heikel. Sie war natürlich sehr erschrocken, wusste aber sofort etwas damit anzufangen. Als ihre Oma und später ihre Mutter schwer krank und pflegebedürftig waren, hatte sie gebetsähnlich immer wieder gesagt: „Mir geht es so gut und ich würde so gern ein paar Jahre meines Lebens geben, damit es euch besser geht." Nun war die Zeit gekommen und der Tod erinnerte sie an ihren Wunsch.

Die meisten Leute kommen zu mir, weil es ihnen so *ÄH* geht. Sie können es nicht erklären und medizinisch ist auch alles ohne Befund. Es bleibt ein lähmendes Lebensgefühl und kann nur mit *ÄH* bezeichnet werden.

So kam auch ein Familienvater völlig verzweifelt zu mir. Seine Kinder waren schon groß und es lag auch gar nichts an. Es war ihm einfach nur „ÄH". Ich sah, dass der Tod bei ihm stand. Mein spezielles „Röntgen" konnte aber keinen körperlichen Grund dafür finden. Ich begab mich auf die Trancereise zu seiner Seele. Sie war sehr traurig und verhandelte mit dem Tod. Etwas war diesmal aber anders als bei den Menschen, die sich wünschen zu gehen. Die Seele wollte nicht gehen und dann aber doch wieder. Auf mein drängendes Fragen antwortete mir die Seele: „Ich bin so im Schmerz und in Angst vor dem Verlust eines Familienangehörigen. Damit ich das nicht erleben muss, möchte ich lieber vorher gehen." Ich fragte den Tod, ob er die Seele haben wolle und er verneinte. Er würde sie aber nehmen, wenn die Seele es so sehr wünschen würde. So musste ich der Seele helfen, wieder ins Leben zurückzugehen. Ich zeigte ihr das Lebensbuch und sie freute sich auf die Dinge, die sie noch erleben sollte.

Der Familienvater war nach meinem Reisebericht sehr erleichtert, weil es genau seinem Gefühl entsprach, er konnte es nun bewusst einordnen. Er hatte mit ansehen müssen, wie sein Schwiegersohn nach einer langen furchtbaren Krankheit gestorben war und seine Tochter über den schmerzhaften Verlust nicht hinwegkommen konnte. So etwas wollte er mit seinen Lieben nicht erleben und deshalb lieber schon vor ihnen gehen. Damit wurde ein leiser Wunsch beinahe zu seinem Todesurteil. Der Mann sprang voller Lebensfreude auf und fuhr glücklich nach Hause. Es geht ihm heute immer noch richtig gut.

Nicht immer sind es die Wünsche im Leben, die uns vom eigentlichen göttlichen Plan abbringen. Manchmal passiert dies schon lange vor unserer Geburt:

Eine junge Frau kam zu mir. Der Krebs hatte sie in kürzester Zeit zum zweiten Mal heimgesucht. Wir hatten schon mehrmals zusammen gearbeitet und viele Seelenlöcher gestopft. Inzwischen war sie zu einer kraftvollen Frau geworden und man nahm an, sie könnte ihr Leben selbstbestimmt meistern. Beim ersten Brustkrebs habe ich während einer Reise gesehen, wie sie sich, bildlich gesprochen, als Kind selbst die Brust gab. Als Baby wurde sie sich selbst überlassen und auch im späteren Leben hatte sie niemanden, der ihr beistand. Um zu überleben, konnte sie sich nur aus sich selbst nähren. Aber was stand ihr nun noch im Weg und ließ den Krebs zurückkommen? Ich war ratlos und so machte ich mich auf die Suche bei einer schamanischen Reise. Als ich zu ihrem Seelenhaus kam, saß ihre Seele bereits auf zwei gepackten Koffern. Das Haus war schon ausgeräumt und besenrein. Sie hatte sich aufgegeben und war für den Tod abholbereit. Er wollte sie aber gar nicht und so musste ich mein Bestes geben, um die Seele ins Leben zurückzuführen. Ich spulte ihr Leben rückwärts bis zur Geburt ab. Ich konnte nichts finden, alles war gut. Dann weiter zurück, Schwangerschaft, Zeugung. Nichts. Ich suchte ihre Seele im Kinderhimmel, um zu sehen, ob sie überhaupt auf die Welt wollte. Ja, sie wollte unbedingt, aber die Mutter, die gerade in diesem Augenblick zur Verfügung stand, wollte sie nicht haben und bekam sie doch. Ich sah, dass die Mutter dafür eine Bedingung eingefordert hatte, die der jungen Frau letztendlich den Lebenssinn nahm. Ich bat Gott um seine Hilfe, damit wir sie retten konnten. Die Szene wechselte und wir waren mit den Teilnehmern in einem Gerichtssaal, in dem Gott der Richter war. Die Mutter beschwerte sich und fühlte sich unschuldig. Ihre Tochter wollte auf die Welt, aber sie wollte sie nicht haben und nun sollte die Tochter zur Strafe bis an ihr Lebensende Sozial-

dienste bei der Mutter abarbeiten. Die junge Frau wuchs in der Reise über sich hinaus und wurde zu ihrer eigenen Verteidigerin. Es war ein sehr starkes Bild. Gott beendete diese Programmierung und entließ die junge Frau in ihr eigenes Leben. Die Seele war endlich frei und konnte im Körper der jungen Frau die Heilung voranbringen. Als ich mit dem Trommeln aufhörte, sah ich eine ganz veränderte Frau vor mir sitzen. Sie erzählte mir, dass sie während der Reise eine extreme körperliche Reaktion hatte. Es hatte sie richtig durchgeschüttelt und etwas sehr Warmes durchströmte ihren Körper und füllte ihn aus. Sie war sogleich kraftvoll und voller Energie. In den ganzen Jahren hatte ich sie noch nie so gesehen. Mit diesem übermächtigen Glücksgefühl ging sie nach Hause.

Ein paar Tage später erzählte sie mir, dass ihr Verhältnis zu ihrer Mutter ohne bewusstes Zutun jetzt ein völlig anderes ist. Sie konnte plötzlich klare Grenzen setzen und „nein" sagen. Die ewigen, unerklärlichen Schuldgefühle waren völlig verschwunden. Sie brauchte schließlich alle Kraft für die Chemotherapie und Bestrahlung. Mit diesem Tag fing ihr neues Leben an. Der Krebs ist inzwischen besiegt und die junge Frau sieht jedem neuen Tag mit Spannung und Freude entgegen.

Die Programmierung durch selbsterfüllende Prophezeiung

Der Tod ist eine sehr humorvolle Person. Er schafft es immer wieder, Leichtigkeit in eine schwierige Situation zu bringen. Ich liebe die Cartoons von Karikaturisten. Dieser schwarze Humor passt sehr zu meinen Erlebnissen mit dem Sensenmann. Wenn er aber mal richtig ernst ist, was ich ganz selten erlebt habe - und ich kenne ihn wirklich gut -, dann erschrecke selbst ich mich fast *zu Tode.*

Eine Frau mit einer Krebsdiagnose kam zu mir. Sie war so aufgeregt und ich konnte sie kaum beruhigen. Ich kam überhaupt nicht zu Wort und wenn, dann kamen meine Worte auch nicht bei ihr an. Ununterbrochen schilderte sie mir ihre düstere, nahe Zukunft bis zum Tod. In feinsten Einzelheiten hatte sie sich die Wirkung der Chemotherapie ausgemalt und wie furchtbar es dann mit ihr zu Ende gehen würde. Gruselig. Ich sehe den Tod immer, da brauche ich keine Trancereise. Aber bei ihr stand er nicht und auch die Ärzte hatten ihr eine sehr gute Prognose gestellt. Es gab überhaupt keinen Grund, so eine Prophezeiung zu zelebrieren. In meiner Trancereise ging ich zum Tod. Er war sofort da und ich fragte ihn, ob er meine Klientin haben will. Seine Antwort war ein Schock für mich. Er sagte machtvoll und eisklar: „Ich will sie nicht, aber wenn sie ihre Gedanken nicht ändert, stirbt sie, weil sie es so festlegt."

Gott hat dagegen einen sehr feinsinnigen Humor, und ich brauche oft selbst viel Humor, um den zu verstehen.

„Weißt Du, wie Du Gott zum Lachen bringen kannst? Erzähl ihm Deine Pläne.“
(Blaise Pascal)

Ich habe ihn so oft über mich lachen sehen und um das endlich zu verinnerlichen, hatte ich diesen Spruch viele Jahre als großes Poster in Sichthöhe. Mehr als einmal hat er mir in seiner humorvollen Art eine Lektion erteilt. So auch an einem Freitag.

In meiner spirituellen Phase glaubte ich, dass ich ja von Gott etwas Besonderes mitbekommen hätte und nun auch Tag und Nacht und für jeden da sein müsste. Schließlich war ich eine Auserwählte und da sollte ich doch Gott auf Erden gleich sein. Mein normales Menschsein kam immer wieder durch und ich habe unendlich darunter gelitten, dass ich nicht meiner selbst auferlegten Vorstellung entsprach. Meine Umwelt quälte mich weiter mit Sprüchen: „Was, du hast ein Problem, eine Krankheit? Du bist doch eine Schamanin, dir darf doch so etwas nicht passieren.“ „Wenn Du selbst so viele Probleme hast, kann man nicht zu dir kommen.“ Dass ich aber diese Probleme/Krankheiten hatte, um daraus zu lernen und deren Zusammenhänge zu studieren, hat keiner verstanden.

Ich hatte beschlossen, wenigstens den Freitag als freien und ganz irdischen Tag zu genießen. Einmal jedoch ließ es sich nicht umgehen, dass ich nach Hamburg zu einer Klientin fahren musste. Ich mochte sie sehr gern und da spielte es keine Rolle, dass es nur an einem Freitag möglich war. Ich fuhr die dreihundert Kilometer zu ihr, begann meine Arbeit, fing an zu trommeln und begab mich auf die Trancereise. Aber da drüben war alles abgeschaltet. Ich suchte nach meinem zuständigen spirituellen Partner, aber es ließ sich niemand blicken. Dann kam ich in ein Zimmerchen und darin lag ein übergroßer, dicker Mann in einem viel zu kleinen Bett, mit dem Rücken zu mir. Die Bettdecke passte gar nicht über seinen Körper. Ich sprach ihn ein paarmal an, um ihn zu wecken, weil ich ja Hilfe brauchte. Er drehte sich langsam und schlaftrunken um und ich sah, dass es Gott war. Er sagte zu mir: „Du hast beschlossen, dass du freitags frei haben willst, dann können wir ja an diesem Tag auch frei machen.“ Das hat gesessen. Ich habe zwar mein *Sehen,* aber ohne die geistige Welt kann ich nichts ändern. Meine Fahrt nach Hamburg war für die Klientin umsonst, aber für mich letztlich ein großer Gewinn. Wir haben ganz schnell einen neuen, heilenden Termin gefunden. Natürlich schläft Gott nicht, aber mit diesen Bildern hat er mir seine Macht gezeigt und diese Bilder haben sich in mein Gehirn gebrannt. Nach dieser

Fahrt habe ich die weiße Fahne der Kapitulation gehisst und mein Gebet in den Himmel geschrien:

„Gott, lass mich deinen Willen wollen."

Das hat geholfen. Ich habe meinen Platz im großen Ganzen eingenommen und bin zur richtigen Zeit am richtigen Ort und tue genau das Richtige. Es passiert mir immer mal wieder, dass ich etwas will und Gott erfüllt mir auch jeden Wunsch. Aber damit kommt auch immer eine Quittung für einen Fehler und ich höre sein hämisches Lachen.

Der kleine Sohn meiner Freundin fragte einmal seine Mutter: „Schreibst du mir einen Entschuldigungszettel oder muss ich mir eine Krankheit nehmen?" Man kann darüber schmunzeln, aber genau diese Programmierung sehe ich sehr oft als Ursache für Disharmonien im Körper meiner Klienten. Ein *Nichtwollen* einer Situation begleitet uns immer im täglichen Leben und dies kann sehr gefährliche Folgen haben.

Ein Klient kam mit einem leichten Herzinfarkt ganz aufgeregt zu mir. Auf der Suche nach der Ursache dafür traf ich seine Seele und sie sagte nur kurz: „Ich will nicht mehr zur Arbeit gehen." Ich versuchte, sie davon zu überzeugen, dass ihr Mensch nun mal arbeiten müsse und sie doch alles tun solle, damit er wieder gesund würde. Nach meiner Trancereise erzählte ich meinem Klienten von dieser Antwort und er wusste sofort, was ich meinte. Sein ganzes Arbeitsleben hatte er darauf ausgerichtet, dass er an seinem fünfundsechzigsten Geburtstag endlich alles hinschmeißen und einfach nur noch leben könne. Er hatte wirklich einen sehr unangenehmen Beruf. Nun war aber das Rentenalter per Gesetz erhöht worden und das war für ihn nicht vertretbar. Unbewusst hatte er sich eine Krankheit zum eigentlichen Renteneintritt genommen.

Ich könnte noch unendlich viele Beispiele für selbst gemachte, wenn auch unbewusste Disharmonien beschreiben. Die Geschichte meiner eigenen, fast tödlichen Krankheit nehme ich als Beispiel. Diese Programmierung hat mein Leben seit dem vierten Lebensjahr geprägt.

Als ich einmal bei einer schamanischen Reise zu meinem Baumhaus gereist bin und wissen wollte, was in dem Kästchen der Kindheitswünsche liegt, befand sich darin ein Zettel mit der Aufschrift: „Ich möchte nur für mich sein." Das ist kein gesunder Wunsch eines kleinen Kindes. Ich heulte danach nur noch, denn es stimmte genau. Mit meiner extremen Wahrnehmung und Übersensibilität bin ich nur sehr begrenzt gesellschaftskompatibel und muss auch ganz besonders auf mich achten. Als Kind konnte ich mich häufig nicht entziehen und in meiner geschützten Welt bleiben. Auch wenn die Ärzte sagten, dass meine Herzmuskelentzündung eine verschleppte Lungenentzündung war

– die seelische Ursache war meine unbewusste Programmierung zum Selbstschutz. Mit meinem Authentischsein kann ich jetzt ganz klare Grenzen setzen und „NEIN“ sagen. Wenn ich heute meinen dringend benötigten Rückzug brauche, muss ich mir keine Krankheit mehr nehmen.

Der Volksmund sagt, dass es nur zwei Katastrophen im Leben eines Menschen gibt. Die erste tritt ein, wenn sich ein Wunsch nicht erfüllt und die zweite, wenn er sich dann erfüllt. Ich hatte einen so großen Herzenswunsch und bin heute sehr froh, dass Gott diesen überhört hat.

Schamanen gibt es seit über dreißigtausend Jahren. Sie waren die Päpste in ihrer Gemeinschaft und genossen größtes Ansehen. Denn sie waren/sind die Auserwählten, um die Botschaft der Götter oder Geistwesen ihren Mitmenschen zu überbringen. In unserer Gesellschaftsordnung hat sich diese Stellung der Schamanen aufgelöst. Ich erlebe aber dennoch, dass mir Menschen aus anderen Kulturkreisen ehrfürchtig begegnen. Ich wäre so gern eine Zauberfrau gewesen: leichtfüßig, fast schwebend wäre ich gelaufen. Meine Worte hätten sich, gleich nach dem sie meinen Mund verlassen hätten, zu einer Blüte geformt und wären als Blumenstrauß ins Ohr meines Gegenübers geschlüpft. Nur von Lichtenergie hätte ich gelebt, um die Tiere und Pflanzen zu schützen. Jeden Menschen hätte ich sofort geliebt und umarmt. Auf Geld hätte ich verzichtet und nur von den Zuwendungen meiner Mitmenschen gelebt. Auch allem Materiellen hätte ich entsagt, denn Gottes Lohn sollte doch genug sein. Ich habe solche Menschen kennengelernt und ich habe sie wirklich beneidet. Aber ich schaffte es einfach nicht und fühlte mich als Versager. Nun hatte ich alles erreicht, was man in meinem Beruf nur erreichen kann und es scheiterte an diesen einfachen Dingen. Auch wenn man es nicht glauben mag: Gott arbeitet auch beim Finanzamt. Als ich ganz verzweifelt war, kam ein Gewerbesteuerbescheid mit der Post. Nun hatte ich es schriftlich. In meinem Kulturkreis bin ich ein Mitglied in der Industrie- und Handelskammer „mit dem Tätigkeitsschwerpunkt nach Verschlüsselung lt. Klassifikation der Wirtschaftszweige des statistischen Bundesamtes: 96090, Erbringung von sonstigen Dienstleistungen".

Ich habe lange gebraucht, um diesen Satz zu verdauen. Ein Vortrag beim Unternehmerinnenstammtisch hat mir dann aber meinen inneren Frieden gebracht. Ich bin ein ganz normaler Dienstleister und auf eine fast märchenhafte Weise als spiritueller Entrümpler für den Seelenmüll meiner Klienten tätig. Dabei suche ich auch nach den vergrabenen Schätzen, die dem Leben den verlorenen Sinn wiedergeben, und nach fehlenden Teilen, um die Lebensfähigkeit wiederherzustellen. Ich richte die Antenne für die verlorene Selbstwahrnehmung neu aus und öffne die Kanäle für die Selbstheilung. Gott hat jedem ein Talent mitgegeben und er arbeitet täglich daran, dass wir es auch nutzen. Es liegt nur an uns, das Beste daraus zu machen. Dafür brauchen wir alle den

Mut zur scheinbaren Unmöglichkeit.

Autorenporträt

„Alles was in unserem Leben passiert,
hat einen tiefen Ursprung
oder einen höheren Sinn."

Seit 25 Jahren studiere und erforsche ich diese Zusammenhänge des Lebens und wie man sie verändern kann. Dabei sehe ich mich eher als Wissen-Schaffender und Philosoph. Nur wenn die Ursache behoben oder ein Sinn erkannt wird, geht der Weg weiter. Eine Heilung ist der zauberhafte Nebeneffekt.

Dieses unentwegte Studium ist ein Teil meines Lebensplanes. Dafür bin ich mit einem besonderen Talent auf die Welt gekommen - der Wahrnehmung von deutlich höheren Frequenzen mit allen Sinnen. Schon als kleines Kind konnte ich die Seelen als eigenständige Wesen wahrnehmen und mit ihnen kommunizieren. Dabei ist es unwichtig, ob sie frei sind oder eine körperliche Hülle besitzen.

In meinem Leben war der Tod mein ständiger Begleiter. Ich habe ihn in all seinen Facetten selbst durchleben müssen. Als Engel der Transformation, hat er mein Talent gefördert und mir ein Lebens-Studium ermöglicht, welches keine Universität der Welt leisten kann. Meine eigenen Nahtoderfahrungen haben die Verbindung zwischen meinem Körper und meiner Seele sehr gelockert. Dies ermöglicht mir nun, meinen Körper bewusst zu verlassen und auf allen Ebenen unabhängig von Raum und Zeit zu arbeiten. Dabei werde ich als Dolmetscher und Anwalt der Seele zum Mittler zwischen den Welten.

Das schamanische Handwerk habe ich bei verschiedenen internationalen Schamanen und in der „Foundation for shamanic Studies“ gelernt.

Der eigentliche Weg ist aber der Weg der Selbstheilung und -meisterung.

Tobea- Martina Witt
Dolmetscher für die Seele/Management-Schamanin
Badstüberstr. 14
18439 Stralsund

www.schamanin-tobea.de